新时代"三农"问题研究书系

工商资本参与"三权分置"
改革视角下的农民土地利益分享机制研究

袁 威/著

西南财经大学出版社

中国·成都

图书在版编目(CIP)数据

工商资本参与"三权分置"改革视角下的农民土地利益分享机制研究/袁威
著 . —成都:西南财经大学出版社,2022. 6
ISBN 978-7-5504-5316-6

Ⅰ.①工…　Ⅱ.①袁…　Ⅲ.①农民—土地所有权—权益保护—研究—中国
Ⅳ.①F321. 1

中国版本图书馆 CIP 数据核字(2022)第 061242 号

工商资本参与"三权分置"改革视角下的农民土地利益分享机制研究
GONGSHANG ZIBEN CANYU "SANQUANFENZHI" GAIGE SHIJIAO XIA DE NONGMIN TUDI LIYI FENXIANG JIZHI YANJIU
袁威　著

策划编辑:李玉斗
责任编辑:植苗
责任校对:李思嘉
封面设计:墨创文化
责任印制:朱曼丽

出版发行	西南财经大学出版社(四川省成都市光华村街55号)
网　　址	http://cbs. swufe. edu. cn
电子邮件	bookcj@ swufe. edu. cn
邮政编码	610074
电　　话	028-87353785
照　　排	四川胜翔数码印务设计有限公司
印　　刷	四川五洲彩印有限责任公司
成品尺寸	170mm×240mm
印　　张	11. 5
字　　数	284 千字
版　　次	2022 年 6 月第 1 版
印　　次	2022 年 6 月第 1 次印刷
书　　号	ISBN 978-7-5504-5316-6
定　　价	68. 00 元

前言

20世纪80年代初，家庭联产承包责任制实现了土地的集体所有权与农户承包经营权"两权分离"，充分调动了广大农民的生产积极性。40多年来，伴随着大量富余劳动力离乡离地，农村种养大户、下乡工商资本等通过土地流转实现了农业规模经营，又促成农地承包主体和经营主体的分离，已超出"两权分离"的设计范畴。因此，在全面推进农地承包经营权确权登记颁证基础上，从2016年开始，中央在多个文件中强调，要"落实'三权分置'办法，保障农民集体资产权利"，"撬动金融和工商资本更多投向农业农村"。但是，在具体实施中，"三权分置"改革面临资本下乡"失序"、承包主体"土地收益"认定差异化、承包主体土地收益分享难度大等现实问题，需要进一步建立健全工商资本参与"三权分置"改革视角下的农民土地利益分享机制。在此背景下，本书围绕"三权分置"改革实施的主体，分别从农民、工商资本、集体经济、基层政府角度出发，采用了理论和实证研究相结合的方法，研究分析"三权分置"改革中农民土地利益保障机制。

本书由十一章构成，各章主要内容如下：第一章为引言。本章对本书选题背景进行了阐述，界定了核心概念，分析了"三权分置"改革的内涵要义，对相关研究成果进行了文献综述，并总结研究方法。第二章论述了"三权分置"是我国农地制度改革的必然趋势。本章划分了新中国成立以来我国农地制度改革的三个重要阶段，总结了我国农地制度改革的基本准则，提出了我国农地制度"三权分置"改革的发展方向，并分析了相关的政策设计。第三章为"三权分置"改革的实践探索。本章总结了"三权分置"改革中各类主体联结的三种逻辑结构、四种典型模式，并论证了土地流转的必要性以及存在的风险。第四章基于农户非农就业与农地租赁关系的视角分析了工商资本参与农地流转的可行性。本章在构建理论框架的基础上，从微观、宏观两个层面对非农就业和农地租赁的关系进行了实证分析。第五章基于工商资本投入的角度分析了其参与"三权分置"改革的苗头性风险。本章总结了工商资本参与"三权分置"改革的三种利益联结模式，分析了可能存在的风险，提出了降低风险的具体路径。第六章从农民主体地位出发研究了工商资本参与"三权分置"改革的农民利益保障问题。本章理清了发挥农民主体作用的利益保障机制逻辑架构，分析了农民主体作用发挥遇到的现实困境，提出了相应的对策。第七章从集体经济组织维护角度研究了工商资本参与"三权分置"改革的规范和引导问题。本章提出了壮大集体经济的三条主要路径，分析了可能存在的苗头性风险并提出壮大集体经济的三个着力点。第八章从政府作用发挥视角研究了工商资本参与"三权分置"改革的行政管理和服务问题。本章论述了农地流转与基层政府信任之间的关系，并通过实证研究的方法进行了定量分析，提出了相应建议。第九章分析了工商资本参与"三权分置"改革的农民土地利益保障机制建构。本章分析了农民土地利益的构成和土地流转面临的现实困境，提出了加强相关保障的路径措施。第十章分析了工商资本参与"三权分置"改革的生产性资本投入促进农民增收机制构建。本章对生产性资本促进农民增收的逻辑机理进行了研究，分析了生产性资本投入促进农民增收存在的主要问题，并从提升农业机械化水平、促进农村劳动力优化配置、提高农业基础设施水平、优化农村投资环境等方面提出了发展建议。第十一章是对策建议。本章分别从加快立法构造、引导工商资本规范下乡、加强农民权利保护、破解集体经济发展难题、优化政府管理服务等方面提出了相关的对策建议。

本书的主要研究结论有：第一，改革开放以来，我国农地制度从"两权分离"演进为"三权分置"具有历史必然性,能在法定范围内最大限度地激发经营者的活力与动力,能在最大程度上保护农民作为集体成员合法充分享受土地利益,也能进一步落实农民的实体性责任。第二,随着农民非农就业规模的快速扩大,土地租赁已经成为农村发展的迫切需求,为工商资本下乡奠定了基础条件。相关部门在制定决策时,不应选择被动地等待农民之间的土地流转形成土地规模化经营,而应该主动作为,积极引导工商资本下乡,主动培养"职业农民"。第三,工商资本参与农地流转中,根据收益及分配关系,与合作社、农户形成了买断式、合同式、合作式三种利益联结模式,但是龙头企业在三种联结模式中往往都处于较为强势的地位,应从经营主体、要素流动、政府服务和企社合作等方面入手,构建更加合理有序的工商资本下乡保障机制。第四,与农民主体作用发挥相关联的利益保障机制包含身份认同、利益分配、政策调节、非经济目标兼顾四个层次,要促进农民主体作用的切实发挥,需要推进农民能力建设、加快农民组织化建设、提高政府公共政策的有效性、尊重乡村公俗良序。第五,发展壮大集体经济是工商资本参与"三权分置"改革的重要保障,但是既面临来自农民和工商资本的风险,也面临来自集体自身的风险,需要在实践中强化人才支撑、能力支撑、政策支持,并借力社会资本做好农村资源的盘活利用、市场对接和运营维护。第六,土地流转是工商资本参与"三权分置"改革的重要前提条件,在土地流转过程中农户往往希望得到来自基层政府的技术、人才、资金、信息、政策等要素的支持和帮助。实证分析结果也证明,农户对政府的信任将促进农地流转行为的发生。基层政府在"三权分置"改革中应充分尊重农民主体地位,引入第三方力量解决土地流转纠纷,加强对土地流转的服务保障。

本书的创新点主要体现在以下几个方面:第一,从"三权分置"改革利益联结主体角度,全面分析农民土地利益保障机制。现有很多学术研究往往集中从某一个主体(以农民居多)来分析"三权分置"改革中的土地利益保障问题,容易出现以偏概全、零散碎化的问题。本书在研究"三权分置"改革中各类主体联结的逻辑架构基础上，分别从工商资本、农民、集体经济、基层政府等角度分析如何加强对农民土地利益的保障，推进研究更加全面系统和细化深入。第二，本书通过实地调研，在较小的空间尺度中收集了丰富的微观案例和数据，提高了研究的精准性和科学性。比如，本书通过对四川省 6 个区县的 15 个村庄进行专题调研，总结出"三权分置"改革中买断式、合作式、合同式三种利益联结模式，并提出三种模式分别适用的条件。第三，本书对研究工具进行了一定创新。笔者在综合借鉴其他类似研究的基础上，针对本研究主题专门设计了调研问卷，着重体现农户、工商企业、集体经济组织和基层政府关于土地流转、土地规模经营的真实情况和未来预期，从而为微观方面的实证分析提供了丰富的数据支撑。

袁威

2021 年 10 月

目录

第一章　引言

本章重点对本书的选题背景进行阐述，界定核心概念，分析"三权分置"改革的内涵要义，对相关研究成果进行文献综述。

第一节　研究背景

从封建王朝兴衰更迭，到新旧民主主义革命，再到社会主义改造建设，农民与土地之间关系的演进在历史发展中发挥着举足轻重的作用。进一步，中国农村土地制度应该如何构建与改造，这个历史性、全局性的课题一直以来受到广泛关注。在全面建设社会主义现代化国家新征程中，改革农村土地制度和建构农地权利体系具有重要且深远的意义。这与集体经济制度和社会主义公有制的稳固，与农村社会转型、农业现代化发展、缩小城乡差距，与土地资源的有效配置和国家粮食安全都息息相关。

关于"三权分离"的理论和实践最早出现在20世纪90年代，在价值目标和制度设计上，彼时的"三权分离"和目前的农地"三权分置"虽然存在一些不同，但是它为农村联产承包责任制的改革提供了理论雏形，奠定了实践基础。从实践看，湖北省枣阳市顺城村开"三权分离"模式先河，形成由集体协调，在保留务工经商农户和无经营能力农户承包权的基础上，将其承包地的经营权转让给其他接包户的模式①。此外，还有安徽等地采取的"反租倒包"、广东省佛山市南海区的股份合作制、浙江省乐清县的"稳制活田"等②"三权分离"模式，都是以保留农户承包权为前提，将土地经营权采取某种方式集中起来或者流转出去。从理论上看，有学者认为，应在确保集体所有权不变更

---

① 王新国，陈晓峰.从顺城村的实践看"三权分离"[J].湖北社会科学，1990（10）：51-52.
② 韩俊.中国农村土地制度建设三题 [J].管理世界，1999（3）：184-195.

的前提下，实现"两权分离"权利配置模式的转变，独立出承包权，并转让经营权，进而满足不同经济利益主体的诉求。还有学者认为，农地的"三权分离"推动了农村联产承包责任制的进一步完善，并对"三权分离"具体模式进行了归纳，具体有联营体型、使用户型以及"集体—承包户—公司型"①。此外，也有学者对联产承包责任制框架下农地产权制度的不足进行了分析，他们认为，在这样的制度设计下，人格化的产权主体不明确，农地权利是不稳定的②。

2013年11月，党的十八届三中全会审议通过的《中共中央关于全面深化改革若干重大问题的决定》明确了构建新型农业经营体系和赋予农民更多财产权利是农村土地改革的目标。2014年9月29日，中央全面深化改革领导小组第五次会议审议通过了两份关于农村改革的文件，即《关于引导农村土地承包经营权有序流转发展农业适度规模经营的意见》和《积极发展农民股份合作赋予集体资产股份权能改革试点方案》，其中基本确定了"所有权、承包权、经营权'三权分置'，经营权流转"的农地承包经营权改革方向。2015年2月1日，中共中央、国务院办公厅下发的《关于加大改革创新力度加快农业现代化建设的若干意见》，对土地改革涉及的具体内容进行了进一步的明确，提出"将户籍和承包经营权脱钩""坚持农民家庭经营主体地位，对土地经营权规范有序流转进行引导""抓紧修改农村土地承包方面的法律，明确现有土地承包关系保持稳定并长久不变的具体实现形式，界定农村土地集体所有权、农户承包权和土地经营权之间的权利关系"等几方面的农村土地改革意见。2016年，党中央、国务院印发《关于完善农村土地所有权承包权经营权分置办法的意见》《"两权"抵押贷款试点暂行办法》，并在2017年中央一号文件中强调，要"落实'三权分置'办法，保障农民集体资产权利"，"撬动金融和工商资本更多投向农业农村"。

梳理分析中央颁布的政策文件发现，在国家层面，农地"三权分置"战略部署已经得到基本确立。但是，就实践而言，在具体实施中，"三权分置"还存在亟须解决和防范的问题和风险。一是资本下乡存在"失序"风险。在已经下乡的资本中，存在很多房地产、钢铁行业的企业跨行业来从事农业生产和经营等业务。这些企业在资金方面虽然具有明显优势，但由于对农业生产和经营存在认识上的不足，并且缺乏涉农方面的核心技术和生产管理经验的支持，难以形成完善的涉农生产成本预算管理体系以及风险评估机制，容易出现巨大

---

① 冯玉华，张文方. 论农村土地的三权分离 [J]. 经济纵横，1992（9）：5-9.
② 王新国，陈晓峰. 从顺城村的实践看"三权分离"[J]. 湖北社会科学，1990（10）：51-52.

的经营亏损。例如，河北省邢台市威县、邯郸市邱县等多地出现的毁约弃耕现象。这些企业在与农户签订包地合同后不久，便因经营亏损而毁约。从短期来看，这导致企业和农户两方面利益都受到了损害；从长期来看，这对耕地质量和基础设施都造成了持久性的破坏，有些破坏甚至是不可逆的。二是对承包主体"土地收益"的保障缺失。理论上，工商资本下乡进行农业生产和经营，对于农民来说，一方面，可以从土地经营权转让中得到租金；另一方面，可以从事雇佣工作或者进城务工得到劳动报酬。但是，从具体实践来看，工商资本下乡有可能对农民的收入分配方式带来消极的改变，对社会保障造成严重的负面影响。一直在农村务农的农民中，存在很大一部分人由于农村劳动力不足、非农劳动技能缺失以及家庭原因等而不得不选择从事农业生产。在非自愿情形下，如果这类农民失去了赖以生存的土地，再受到下乡工商企业的排挤，那么他们的生存将因仅有赖微薄的租金收入，而变得更加的困难。因此，这部分弱势农民极可能在工商资本下乡进城中被边缘化，生活不仅没得到改善，反而连基本的生存保障都失去了。三是资本下乡后，以"确股不确地"为主的农民对农地的确权更为普遍，承包主体难以收回原有农地。"确股不确地"将对进城务工这部分农民的生活保障带来潜在威胁。由于进城务工存在很多不确定性，收入也是不确定的，并且，从我国现阶段的发展水平来看，还不能为进城务工农民提供稳定而又体面的工作，还不能向他们的子女提供平等的教育资源。因此，一般来讲，大部分进城务工农民采取的是半耕半工的生产方式，农闲时进城务工，农忙时返乡耕种。进城务工农民如果失去土地，丢失务农收入，这对他们的稳定生活将造成严重的负面影响。

综上所述，研究工商资本参与"三权分置"改革视角下的农民土地利益分享机制就有了很重要的现实意义。

第二节　概念界定

本书涉及的核心概念有"三权分置""农地流转""农地适度规模经营""工商资本下乡"等，现对上述概念做如下界定。

一、三权分置

农地"三权分置"改革指的是，将家庭联产承包责任制中"两权分离"模式下的集体拥有所有权和农户拥有承包经营权转变为"三权分置"模式下的经营者有经营权、集体有所有权和农户有承包权。习近平总书记在多次考察调研中和工作会议上强调农村改革的重要性①；同时，中央也曾多次出台相关文件②③④强调在稳定农村集体所有权的根本前提下，对农户承包权进行严格保护，对农村土地经营权加快步伐放活，逐渐理顺"三权"之间的关系，进而形成平等保护、层次分明、结构合理的格局。2016 年，中共中央办公厅、国务院办公厅联合出台《关于完善农村土地所有权承包权经营权分置办法的意见》，"三权分置"正式成为新时代农村土地产权制度改革的指导思想和基本原则。2018 年 12 月，修订后的《中华人民共和国农村土地承包法》（以下简称《农村土地承包法》）规定，作为承包方的农户，既可以自己经营土地，也可以在享有承包权的基础上将土地经营权流转出去，农村土地"三权分置"自此上升为法律法规，成为我国继家庭联产承包责任制后农村改革的又一重大制度创新。

学者们对于"三权"的概念界定持有不同的观点，主要有以下几种：

所有权、承包权和经营权：多数学者认为，农村地区的"三权"指的是农村集体组织及全体成员对归属于本集体的土地享有的所有权⑤、作为本集体经济组织成员的农户对其承包的土地享有承包权以及土地经营权人对通过程序流转的土地依法享有在一定时间内的经营权⑥。

学者高富平认为，"三权分置"近似于广东省佛山市南海区的"土地股权化模式"。集体拥有土地的所有权，并将土地从农户处统一收回经营，然后将

---

① 2013 年 7 月，习近平总书记在湖北考察时指出，深化农村改革，完善农村基本经营制度，要好好研究土地所有权、承包权和经营权三者之间的关系。2013 年 12 月召开的中央农村经济工作会议指出，要顺应农民流转土地经营权和保留土地承包权的意愿，把农民的土地承包经营权分为经营权和承包权，实现经营权和承包权分置并行。

② 中共中央，国务院. 中共中央国务院印发《关于全面深化农村改革加快推进农业现代化的若干意见》[EB/OL]. (2014-01-19) [2021-10-25]. http://www.gov.cn/jrzg/2014-01/19/content_2570454.htm.

③ 中共中央办公厅，国务院办公厅. 中共中央办公厅、国务院办公厅印发《关于引导农村土地经营权有序流转发展农业适度规模经营的意见》[EB/OL]. (2014-11-20) [2021-10-25]. http://www.gov.cn/xinwen/2014-11/20/content_2781544.htm.

④ 中共中央，国务院. 中共中央 国务院关于落实发展新理念加快农业现代化实现全面小康目标的若干意见 [EB/OL]. (2016-10-27) [2021-10-25]. http://www.gov.cn/zhengce/2016-01/27/content_5036698.htm.

⑤ 王利明. 物权法研究：上卷 [M]. 3 版. 北京：中国人民大学出版社，2013.

⑥ 中共中央办公厅，国务院办公厅. 中共中央办公厅国务院办公厅印发《关于完善农村土地所有权承包权经营权分置办法的意见》[EB/OL]. (2016-10-30) [2021-10-25]. http://news.xinhuanet.corn/fortune/2016-10/30/c_1119815168.htm.

土地出租给专业的农户或者农业公司经营，经营者根据协议合同按约定支付土地使用费给集体；农户所享有的承包权转变为在集体中的股权或者份额权；集体在保留提留等收入后，将收取的费用按比例份额及时分发给农民①。这就导致一个问题，就是农民的经营权似乎是从所有权中派生出来的，而不是来源于承包经营权。

所有权、承包经营权和经营权：部分学者认为，应该在"两权"分离已经深入人心且由法律保护的基础上，增设经营权，形成所有权、经营权和承包经营权一并设置的权利结构。

所有权、使用权和经营权：学者刘志刚等（2003）持有不同的观点，他们认为应该重新构建农地所有权、使用权和经营权"三权分离"的农地产权新体系，即组、村和乡镇以土地为主通过成立股份合作公司等集体经济组织，来依法行使集体土地所有权；该集体经济组织内的农民拥有土地使用权；在遵守农地使用合同的前提下，农户可通过出租、转包等方式将农地经营权流转给经营者。注重淡化承包经营权，做实集体所有权的身份属性是该建议的显著特点②。另外，学者楼建波针对承包经营权、承包权、经营权间在权能上存在的差异，提出了"'三权分置'的四权实现"。根据他的观点，以所有权、承包权和经营权为基础，同时，保留承包经营权，这种"四种权利"的不同组合可以在抵押以及土地流转过程中提供"两权分离"法律所不具备的灵活性③。

2016年10月，《关于完善农村土地所有权承包权经营权分置办法的意见》出台，明确强调三权为所有权、承包权和经营权④。至此，在法规政策层面上，"三权"的概念得到明确界定⑤。

二、农地流转

关于农地流转的定义及具体范畴，学术界存在三种不同的观点。一种是指农地经营使用权的流转，即农户转让农地经营使用权，而自身保留农地的承包

① 高富平. 农地"三权分置"改革的法理解析及制度意义 [J]. 社会科学辑刊, 2016 (5)：73-78.

② 刘志刚, 郭仁德. 农地产权制度改革的设想 [J]. 领导决策信息, 2003 (5)：25.

③ 楼建波. 农户承包经营的农地流转的三权分置：一个功能主义的分析路径 [J]. 南开学报（哲学社会科学版）, 2016 (4)：53-69.

④ 土地集体所有权人对集体的土地依法享有占有、使用、收益和处分的权利；土地承包权人对承包的土地依法享有占有、使用和收益等权利；土地经营权人对流转土地依法享有在一定时间内占有、耕作并获得相应收益的权利。

⑤ 胡震, 朱小庆吉. 农地"三权分置"的研究综述 [J]. 中国农业大学学报（社会科学版）, 2017, 34 (1)：106-117.

权（张红宇，2002）①；另一种观点则认为农地流转不仅局限于流转农地的使用权，农地的承包权也可以流转，并且也属于农地流转的范畴，使用权或者承包权其中只要有一项发生了流转，就是农地流转（徐勇 等，2010）②；还有一种观点是将农地流转分为狭义和广义范畴，狭义的范畴仅指拥有土地的各项权利在不同主体之间转移，而广义的范畴包含狭义的土地流转与土地功能转变（刘艳，2010）③。在此基础之上，亦有学者将农地流转进一步划分为强制性流转和自由流转（茆荣华，2010）④。

关于农地流转的类型，有学者认为，按是否改变农村集体土地的用途，农地流转可划分为两种类型：一类是旨在达到规模经营效果的流转，该流转类型不改变农地的性质；另一类是土地征收，即强制性的土地流转（茆荣华，2010）⑤。根据学者刘艳（2010）的观点，农地流转可划分为所有权流转与权利流转两类，所有权流转是指土地征收。并且，按涉及的各类权利主体的组织属性，农地流转可划分为内部流转与外部流转两类⑥。根据学者傅晓（2008）的观点，农地流转可划分为自由流转和集体主导两种类型。入股、反租倒包、两田制、委托转包、土地信托等属于"集体主导"类型。自主转包、转让、互换、出租等属于自由流转类型⑦。

关于农地流转方式，研究者们根据实证调研，揭示了当前农地流转的几种主要形式。根据学者钱良信（2002）的观点，农地流转可划分为转包、租赁、返租倒包、土地置换、股份合作制、土地信托六种方式⑧。农地流转的双方主体是农户和其他经济组织，通过市场进行交换，在此基础之上，转让、转包、入股、互换等均是农地流转的形式（张红宇，2002）⑨。也有学者从法律法规出发，对农地流转方式进行进一步扩展（丁关良，2003）⑩。根据学者杨国玉

① 张红宇. 中国农村的土地制度变迁 [M]. 北京：中国农业出版社，2002.

② 徐勇，赵永茂. 土地流转与乡村治理：两岸的研究 [M]. 北京：社会科学文献出版社，2010.

③ 刘艳. 农地使用权流转研究 [M]. 北京：北京师范大学出版社，2010.

④ 茆荣华. 我国农村集体土地流转制度研究 [M]. 北京：北京大学出版社，2010.

⑤ 茆荣华. 我国农村集体土地流转制度研究 [M]. 北京：北京大学出版社，2010.

⑥ 刘艳. 农地使用权流转研究 [M]. 北京：北京师范大学出版社，2010.

⑦ 傅晓. 我国农村土地承包经营权流转的现状、难点和建议 [J]. 广东土地科学，2008（1）：31-33.

⑧ 钱良信. 土地使用权流转的主要模式及需要注意的问题 [J]. 调研世界，2002（10）：43-46.

⑨ 张红宇. 中国农村的土地制度变迁 [M]. 北京：中国农业出版社，2002.

⑩ 丁关良. 农村土地承包经营权流转的法律思考：以《农村土地承包法》为主要分析依据 [J]. 中国农村经济，2003（10）：17-23.

和靳国峰（2003）的观点，转包、转让、互换、抵押、出租等方式属于农地"自由流转"，另外还有反租倒包、集体农场、两田制、土地经营权入股模式等方式①。根据刘卫柏（2010）的观点，农地流转方式按农村土地承包经营权的运行方式可划分为转包、抵押、出租、互换、转让、入股、继承和代耕与反租倒包八种②。丁关良和陈琴（2004）则认为《农村土地承包法》是农地流转方式转变的分界线，对于农地流转方式的考察应该分为《农村土地承包法》出台前与出台后两阶段③。根据学者徐勇和赵永茂（2010）的观点，农地流转的方式主要有转让、转包、"反租倒包"、农地置换、股份合作制、土地租佃六种方式④。根据学者韩江河（2008）对成都、温州的土地流转形式的研究，两地的农地流转方式可归纳为土地股份合作、互换经营、转包租赁、村集体代耕代种与土地耕作社会化服务等⑤。

本书所指的农地流转指的是农村田地、耕地、林地、草地、山地和水库经营权流转。具体指的是享有农地承包经营权的农户将农地的经营权通过出租、转让、转包、互换或者其他方式转让给其他的农户或者经济组织，即转让经营权，保留承包权。土地流转应当遵循五项基本原则：一是不得改变土地的所有权、土地农业用途和性质；二是以自愿、有偿、平等协商为原则，任何组织和个人不得强迫或者阻碍土地流转；三是受让方必须拥有农业经营能力；四是在同等条件下，本集体经济组织的成员享有优先权；五是流转的期限不得达到承包期的剩余期限的上限⑥。

三、农地适度规模经营

根据学者陆一香（1987）的观点，土地适度规模经营指的是在一定经济和技术条件下，能使投入的诸多生产要素相互协调、组合较好且能充分利用，

---

① 杨国玉，靳国峰. 对农村土地使用权流转理论与实践的思考 [J]. 经济问题，2003（11）：44-47.

② 刘卫柏. 中国农村土地流转模式创新研究 [M]. 长沙：湖南人民出版社，2010.

③ 丁关良，陈琴. 农村土地承包经营权流转方式研究 [J]. 中共长春市委党校学报，2004（6）：15-18.

④ 徐勇，赵永茂. 土地流转与乡村治理：两岸的研究 [M]. 北京：社会科学文献出版社，2010.

⑤ 韩江河. 关于农村土地流转的"成都模式"和"温州模式"比较与启示 [J]. 广西大学学报（哲学社会科学版），2008，30（6）：17-20.

⑥ 中国法制出版社. 中华人民共和国农村土地承包法 [J]. 农业科技与信息，2003（6）：7-8.

进而获得最大经济效益的农业经营规模[①]。学者王贵宸（1997）则认为，土地适度规模经营是指在一定生产力水平约束下，充分发挥生产要素作用，获得最优经济效益的土地经营规模[②]。按照学者许庆等（2011）的观点，适度规模经营来源于规模经济，指在既有条件下对经营单位的规模进行适度扩大，以便合理配置土地、劳动力和资本等生产要素，进而达到最佳经营效益的活动[③]。而学者吕晨光等（2013）则认为，农业适度规模经营是指通过合理配置和优化各种生产要素的组合，确定生产投入和成本之间的次优或者最优关系，从而使平均成本达到最小，达到次佳或者最佳效益[④]。综上，农地适度规模经营是指在一定的经济技术条件下，农业经营主体采取扩大经营规模的方式，推动可支配的土地、劳动和资本等生产要素的最佳配置，进而获取最好产出的生产行为。

农地适度规模经营包括主体、目标、途径和约束条件等核心指标，其中主体（经营者）、现有技术水平、约束条件（一定的农业发展阶段、可支配的生产要素）、途径（增加要素尤其是土地的投入）基本达成一致共识，适度规模经营的目标即最佳产出的衡量标准则比较模糊，存在一定矛盾与分歧[⑤]。如何衡量土地适度规模经营，专家提出了三类标准：其一，产出标准。考虑到我国地少人多的现实，在农地经营时，产出效应是必须考虑的。从已有的文献来看，对于土地产出和规模经营两者之间的关系，学术界目前还没有形成一致的结论。一些学者认为，土地产出率并不是随着土地经营规模的扩大而一直增加的，当超越了某个点，土地经营规模的扩大反而会降低土地产出率，因此，土地经营规模的扩大不能盲目[⑥][⑦]；也有部分学者认为，耕地经营规模扩大与提

---

① 陆一香. 关于我国农业规模经济问题的探讨 [J]. 南京农业大学学报, 1987 (3)：120-126.

② 王贵宸. 关于土地适度规模经营的若干问题 [J]. 农村合作经济经营管理, 1997 (10)：16-18.

③ 许庆, 尹荣梁, 章辉. 规模经济、规模报酬与农业适度规模经营：基于我国粮食生产的实证研究 [J]. 经济研究, 2011 (3)：59-72.

④ 吕晨光, 杨继瑞, 谢菁. 农业适度规模经营研究：以山西省为例 [J]. 统计与决策, 2013 (20)：135-138.

⑤ 陈秋分, 孙炜琳, 薛桂霞. 粮食适度经营规模的文献评述与理论思考 [J]. 中国土地科学, 2015 (29)：8-15.

⑥ 许庆, 尹荣梁, 章辉. 规模经济、规模报酬与农业适度规模经营：基于我国粮食生产的实证研究 [J]. 经济研究, 2011 (3)：59-72.

⑦ 万广华, 程恩江. 规模经济、土地细碎化与我国的粮食生产 [J]. 中国农村观察, 1996 (3)：31-36, 64.

高土地产出率之间并不矛盾①②。其二，劳动生产率标准。受限于土地面积，土地面积小使得机械和劳动力等要素的生产效能无法得到充分发挥，要素使用效率相对较低。那么对于劳动生产率应该怎样衡量呢？部分研究者针对这个问题提出了"劳动力满负荷工作"概念。有研究指出黑龙江省一个农民满负荷工作的经营规模大约是 26.7 公顷（刘凤芹，2006）③，同时也有学者指出该值应是 0.34 公顷（齐城，2008）④，由此可见，农地适度规模经营面积根据劳动生产率标准测算差异太过明显。其三，收入标准。将劳动力机会成本纳入考量范围是收入标准的思想来源。非农就业机会的大幅度增加带来农民种地的机会成本不断攀升。如果外出务工收入远远高于种地收入，那么农户必然会外出务工，而不会进行农业生产。只有外出务工收入低于农业生产收入，农户才会专心进行农业生产。到底应该采用哪一种标准来衡量适度规模经营呢？学者们针对此问题，提出了两类指标：其一，城镇居民人均可支配收入；其二，进城务工农户人均纯收入。根据学者卫新等（2003）的观点，农户非农收入应该是考虑土地规模的起点⑤。根据钱克明和彭廷军（2014）的观点，如果其他家庭的非农收入与农户的务农收入大体相当时，此时农户耕种的土地规模是较为适度的⑥。以此为标准测算，北方适度规模在区间（6.66，8.0）公顷，南方在区间（3.33，4.0）公顷。然而部分学者认为，应考虑采用城镇居民可支配收入为测算指标，学者郭庆海（2014）以 2013 年吉林城镇居民人均收入为参照，以吉林玉米种植为案例，测度出吉林玉米种植适度规模约为 10 公顷⑦。

上述列举的三种标准中，到底应该采用何种标准来衡量农地适度经营规模，则需要进行不同标准之间的比较。首先，在土地产出标准与收入标准间，对于农民而言，追求收入最大化才是首要目标。这是因为土地产出最大化并不能保证收入达到最大值。根据学者许庆等（2011）的观点，若政府旨在以提

① 张光辉. 农业规模经营与提高单产并行不悖：与任治君同志商榷 [J]. 经济研究，1996 (1)：55-58.

② 郭江平. 扩大土地经营规模与提高农业效率并行不悖 [J]. 理论探索，2003 (3)：11-12.

③ 刘凤芹. 农业土地规模经营的条件与效果研究：以东北农村为例 [J]. 管理世界，2006 (9)：71-79，171-172.

④ 齐城. 农村劳动力转移与土地适度规模经营实证分析：以河南省信阳市为例 [J]. 农业经济问题，2008 (4)：38-41.

⑤ 卫新，毛小报，王美清. 浙江省农户土地规模经营实证分析 [J]. 中国农村经济，2003 (10)：31-36

⑥ 钱克明，彭廷军. 我国农户粮食生产适度规模的经济学分析 [J]. 农业经济问题，2014，35 (3)：4-7，110.

⑦ 郭庆海. 土地适度规模经营尺度：效率抑或收入 [J]. 农业经济问题，2014，35 (7)：4-10.

高粮食产量的方式来鼓励农民适度规模经营，那最终效果必会因政府目标与农民收入最大化目标的不一致而大打折扣①。其次，在劳动生产率标准与收入标准之间，我国土地资源比较稀缺，并且不同省份或不同地区的资源禀赋存在很大差异。例如，沿海发达地区拥有的土地资源极其有限，农户想以扩大土地规模的方式来达到适度经营规模是不可能的。然而，东北三省拥有丰富的土地资源，在追求适度规模经营方面具有天然优势。因此，农户适度经营的规模以劳动生产率为衡量标准存在缺陷，容易导致土地的兼并或者过分集中，相比之下，以收入为衡量标准则更具有现实意义②。

农地流转与农地适度规模经营之间存在很强的内在联系。第一，我国历经40多年的家庭联产承包责任制以及存在的分家习俗导致农地经营的碎片化，进而对适度规模经营造成阻碍。在家庭联产承包责任制的具体实施过程中，往往根据公平原则，先按照土地与家的距离以及土地的肥沃程度等将土地划分为不同类型，然后再按照远近搭配以及土地质量标准将土地划分给每户农户。我国农村地区分家时会按照上述的分配标准将土地进一步分配给子辈家庭，造成农地的进一步细碎化，每个单一地块的面积更小且更分散，从而导致普遍的"超小型"的土地经营格局的形成。土地资源优化配置难以实现，这对本来已经高度稀缺的土地资源的充分有效利用造成严重阻碍，对我国集约化经营、机械化生产和规模化种植造成严重制约，对土地产出率、劳动生产率以及农业整体效益的提升形成了瓶颈型约束，进而阻碍了农业现代化前进的步伐，严重制约了农业增效和农民增收。从实践来看，家庭联产承包责任制暴露出的固有局限性对我国进行农地适度规模经营、农业现代化以及保障食品安全造成严重阻碍③④⑤。第二，适度规模经营的前提和基础是农地流转。要实现农地的规模经营，必须确保一定数量的集中可耕土地。基于此，必须以农地流转为切入点，强化对农地适度集中的引导，以实现农地的适度集中，为适度的规模经营奠定基本的物质基础。也就是说，农地流转推进了零星分散土地集中，并形成

① 许庆，尹荣梁，章辉. 规模经济、规模报酬与农业适度规模经营：基于我国粮食生产的实证研究 [J]. 经济研究，2011 (3)：59-72.

② 李琴，李怡，郝淑君. 农地适度规模经营的分类估计：基于不同地形下不同地区的测算 [J]. 农林经济管理学报，2019，18 (1)：101-109.

③ 耿志力. 关于促进农村土地流转加快土地适度规模经营的建议 [J]. 农业经济，2010 (3)：17-20.

④ 牛若峰，夏英. 农业产业化经营的组织方式和运行机制 [M]. 北京：北京大学出版社，2000.

⑤ 文雄. 农地流转促进农业适度规模经营问题研究 [D]. 长沙：湖南农业大学，2011.

一定规模，为农地资源有效配置创造物质条件，进而推动装备农业发展，推动现代科学技术对农业的改造，推动现代经营形式和现代产业体系的形成，推动农地适度规模经营，实现农业的产前、产中和产后等环节有效衔接，推动完整产业链的形成，进而化解农户小生产和社会大市场之间存在的矛盾，推进绿色、生态、安全、有机、高效、特色农业的发展，推动规模化生产基地的建立，推进农业结构优化和升级，进一步，促进农业产业化生产和标准化经营以及农副产品质量的提升①。

四、工商资本下乡

关于工商资本下乡的科学内涵，学者张良（2016）从土地流转的视角指出工商资本下乡是指在政府的主导下，工商企业进入农村，通过大规模农地流转从事现代农业经营活动的农业投资过程②。学者涂圣伟（2014）基于社会化服务视角认为工商资本下乡指的是工商企业为农户提供社会化服务（新型农技服务、良种服务、农资连锁经营、农机跨区作业、农产品现代物流、农业信息服务等）的过程③。

近年来，随着城镇化的加速推进，在城镇务工工资高的诱惑下，大量农村剩余劳动力从"过密化"的农业中释放出来，进入城市务工，为城市经济社会发展做出了巨大贡献。与此同时，农村青壮年劳动力的"逃离"也导致农村土地大量摆荒，农业劳动力供给呈现老龄化、女性化趋势，农业陷入生产要素匮乏和农业生产效率低下的窘境（盖庆恩 等④，2014；赵祥云 等⑤，2016）。在这种情况下，工商资本代替劳动，通过农地的流转实现规模经营成为改造传统小农经济的共识（章猛进 等，2008）⑥。

工商资本下乡的动力源来自丰厚的利润以及强力的政策支持。第一，获取利润是工商资本的根本目的，只有从事涉农业务能获得丰厚的利润，才能吸引

---

① 程明华，徐汉明，贾泽露. 基于农地流转与适度规模经营视角的食品安全问题探讨［J］. 理论月刊，2014（7）：176-179.

② 张良. "资本下乡"背景下的乡村治理公共性建构［J］. 中国农村观察，2016（3）：16-26，94.

③ 涂圣伟. 工商资本下乡的适宜领域及其困境摆脱［J］. 改革，2014（9）：73-82.

④ 盖庆恩，朱喜，史清华. 劳动力转移对中国农业生产的影响［J］. 经济学（季刊），2014，13（3）：1147-1170.

⑤ 赵祥云，赵晓峰. 资本下乡与"三农"发展的关系辨析［J］. 中共福建省委党校学报，2016（1）：69-76.

⑥ 章猛进，顾益康，黄祖辉. 30年农村改革回顾与改革的深化：基于浙江省的分析［J］. 浙江社会科学，2008（8）：9-14，125.

工商资本下乡。从社会经济发展角度看，我国工业化与城镇化发展迅速，截至2019年年底，城镇化率突破60%，城市人口的高速扩张成了农业农村发展的重要动力。城镇中，巨大的人口规模增加了对农产品以及特色农副产品的需求，推动了电子商务和仓储物流等向农村拓展业务。并且，农村良好的生态环境也吸引了城市人口到乡村旅游和养老，推动了乡村旅游和健康养老产业的发展。这些新的社会需求的产生也为农村产业转型升级提供了支撑。2018年，乡村旅游产业生产总值在农业增加值中占12%，农村电商行业生产总值在农业增加值中占21%①。第二，国家政策的引导为工商资本下乡注入了强劲动力。一方面，政策导向鼓励工商资本下乡。自20世纪90年代开始，国家政策开始从限制工商资本下乡转变为鼓励工商资本下乡。尤其是当前阶段，国家出台诸多配套政策引导和鼓励工商资本积极参与乡村振兴。2018年的中央一号文件明确提出"加快制定鼓励引导工商资本参与乡村振兴的指导意见"。另一方面，财政投入政策向农村倾斜。国家每年财政政策定向支持农村发展资金高达2万多亿元，在政策支持下，农村基础设施建设不断完善，城乡一体化发展不断推进，广大农村地区水、电、气、网等生活需要基本实现了全面覆盖。

工商资本下乡能够促进农民融入市场体系。第一，农民被大量工商资本下乡卷入更深层次更广范围的市场经济体系中，拓宽了农民的收益空间。在惠农富农政策的推动下，下乡的工商资本推动农业农村发展欣欣向荣，带动农民增收致富，其中增收致富是其根本目标。从20世纪90年代开始，进入农村的工商资本，在推动农村发展的过程中，主要从事和经营的产业类型不是会与农民形成竞争关系的传统种植业，而是与农户以分工协作为基础形成互利共赢关系。第二，工商资本强有力地带动了市场效益增加。一是工商资本进入的行业大部分对资本密集度和市场经营能力有比较高的要求，这些行业增加了农户增收致富的潜在机会。工商资本下乡带来了市场资金、专业知识等生产要素，破解了农户在发展过程中面临的经济困境。二是工商资本下乡发挥市场经营能力，将市场拓展到了广阔的农村，并带动农户参与到市场体系中来，参与到新产业与新业态的发展中来。三是在农业生产上，工商资本与农户形成相互合作的关系，拓宽了农村经济涉及的产业范围，由单纯的第一产业延伸到第二以及第三产业中，促使产业价值链得到了提升。工商资本与农户之间存在紧密的合作关系，但也有潜在的竞争关系。这就需要对工商资本的功能定位建立起完善

---

① 农业农村部. 乡村产业：现代农业 4.0 版［EB/OL］.（2019-11-18）［2021-10-25］. https://baijiahao.baidu.com/s? id=1650502760023597189&wfr=spider&for=pc.

的体制机制，促使工商资本与农户形成良好的合作共赢关系。基于以上分析，下乡的工商资本对农民主体地位和村庄自主性并不一定会构成威胁，反而有可能推进实现农民主体性以及村庄自主性①。

第三节 "三权分置"改革内涵要义

在"两权分离"框架下，农户和村集体分别享有承包经营权与土地所有权。经营权和承包权结合形成了土地承包经营权。由于过去人口不流动，并且土地也不流转，经营权和承包权仿佛是一回事，并没有引起什么混乱。然而，随着经济社会的发展，人地矛盾越发凸显，承包与经营两方面的主体正在逐渐分离。经营权是一种财产权，能以市场化的方式进行配置，具有明显的可交易性与开放性②。当前阶段，中央已经对"三权分置"改革的方向进行了明文规定，"三权分置"在实行中的关键是要明确其核心内涵，即对集体所有权、农户承包权以及土地经营权的权能进行明确且合理的界定，对"三权"的权能边界包括占有、使用、收益以及处分等方面进行明确界定，尤其是要对承包农户与经营主体之间、农民集体与承包农户之间在土地流转过程中的权利边界以及相互权利进行明确界定。

一、集体土地所有权

集体土地所有权指的是，村集体的成员对本村集体的土地享有的占有、使用以及收益和处分的权利。"两权分离"转变到"三权分置"，土地所有权的性质并没有变更，其核心是对集体土地所有权的权能范围进行了重新界定。

关于集体土地所有权的性质，学界并没有形成共识。自 2007 年颁布《中华人民共和国物权法》以来，主流观点将农村集体土地所有权视为共同物权，即对一个标的物，两个或以上的主体共同对其拥有物权。而部分学者却认为，农民集体所有在农地"三权分置"模式下已经转变为持有所有权份额的共同所有权，在性质上已经发生了实质变化，所有权从农民集体所有转变为按份共有③。

---

① 陆文荣，卢汉龙. 部门下乡、资本下乡与农户再合作：基于村社自主性的视角 [J]. 中国农村观察，2013（2）：44-56，94-95.

② 叶兴庆. 集体所有制下农用地的产权重构 [J]. 毛泽东邓小平理论研究，2015（2）：1-8，91.

③ 高富平. 农地"三权分置"改革的法理解析及制度意义 [J]. 社会科学辑刊，2016（5）：73-78.

二、农户承包权

从"两权分离"模式的相关文件或研究中可以看到,土地承包经营权是极其重要的用益物权,具体而言,指的是权利人对国家或集体所有由集体使用的土地,按照法律或合同规定,享有占有、使用和收益的权利。

从"三权分置"模式的相关文件或研究中可以发现,学界对于农户承包权性质还没有达成共识,主流观点有以下三种:成员权说、物权说、收益权说。第一,根据成员权说的观点,土地承包权指的是集体成员享有承包集体土地的资格,这是成员权的应有之义,但是它还没成为实在的财产权①。集体所有制限定了集体成员享有集体收益分享权、集体重大事务表决权以及承包土地权三方面的权利。第二,根据物权说的观点,承包权是一种独有的物权性质的财产权,是实在的权利②。承包权仅被定义为一种资格,是对农民身份和承包权的混淆。第三,根据收益权说的观点,在"三权分置"模式下的承包权属于土地收益权,是权利人对土地承包权行使和实现的方式,即于土地承包经营权之上增设的权利用益物权(土地经营权),此后,这种占有使用权能受限的土地经营权便被形象地称为土地承包权,即仅指承包地,而并不是在实际中进行农业生产经营的活动,实际进行生产的土地经营权人享有使用和占有权能③④。

承包权和经营权分离之后,承包权到底是什么?根据学者张红宇(2014)以及申惠文(2015)的观点,在具体表现上,承包权包括占有权、处置权以及由此衍生出的多重权益,例如继承权和退出权等⑤⑥。根据张力和郑志峰(2015)的观点,在承包权的所有权能中最重要的是监督承包地的使用、到期收回承包地、限制性流转以及再次续保承包和有偿退出等⑦。综上所述,承包权主要有占有、使用、抵押、流转和退出承包地权利,以及抵押承包土地经营权和承包地被征收时获得相应补偿权等。

---

① 刘俊. 土地承包经营权性质探讨 [J]. 现代法学, 2007 (2): 170-178.

② 郜永昌. 分离与重构: 土地承包经营权流转新论 [J]. 经济视角 (下), 2013 (5): 137-139.

③ 朱继胜. 论"三权分置"下的土地承包权 [J]. 河北法学, 2016, 34 (3): 37-47.

④ 高富平. 农地"三权分置"改革的法理解析及制度意义 [J]. 社会科学辑刊, 2016 (5): 73-78.

⑤ 张红宇. 我国农业生产关系变化的新趋势 [N]. 人民日报, 2014-01-14 (7).

⑥ 申惠文. 农地三权分离改革的法学反思与批判 [J]. 河北法学, 2015, 33 (4): 2-11.

⑦ 张力, 郑志峰. 推进农村土地承包权与经营权再分离的法制构造研究 [J]. 农业经济问题, 2015, 36 (1): 79-92, 111-112.

三、土地经营权

从"两权分离"的模式看，土地经营权指的是土地经营权人对流转土地按照法律法规在一定时期内占有、使用和获得对应收益的权利。

转变到"三权分置"后，学界对于土地经营权的性质主要存在两种较为有争议的观点，即用益权说和债权说。根据用益权说的观点，如果承包权是身份权，那么经营权就属于用益物权，经营权是果，承包权仅仅是取得经营权的因①。部分学者认为，经营权是土地承包经营权人设定的，将土地承包经营权作为标的权利用益权，这是和土地承包经营权隶属不同层次客体的用益物权，两者是能同时存在并不冲突的②。另有学者则认为，经营权是一种次生性的用益物权，而承包权属于用益物权③。根据学者高富平（2016）的观点，土地经营权是用益物权范畴中的权益，并不来自土地承包权，而是来自集体所有权④。根据债权说的观点，从性质上看，承包权属于用益物权，但是由于对同一标的物不能同时存在两种相互矛盾冲突的用益物权，因此，在性质上，经营权是一种债权。

在对承包权权能进行明确界定之后，对应的经营权应该享有哪些权能呢？根据学者张红宇（2014）以及申惠文（2015）的观点，经营权的主要表现有耕作、经营、收益和其他衍生的多重权益，例如抵押权以及入股权等⑤⑥。根据张力和郑志峰（2015）的观点，经营权的权能主要有在承包地上从事农业生产、获得经营收益与处分经营权（包括再转让和抵押担保等）等⑦。陈朝兵（2016）则认为，经营权主要有四项权能：从承包人处转移承包地后，由经营者直接占有，即占有权；自由耕作、经营和从事农业生产等，即使用权；经营

---

① 刘征峰. 农地"三权分置"改革的私法逻辑 [J]. 西北农林科技大学学报（社会科学版），2015，15（5）：26-33.

② 蔡立东，姜楠. 承包权与经营权分置的法构造 [J]. 法学研究，2015，37（3）：31-46.

③ 刘颖，唐麦. 中国农村土地产权"三权分置"法律问题研究 [J]. 世界农业，2015（7）：172-176.

④ 高富平. 农地"三权分置"改革的法理解析及制度意义 [J]. 社会科学辑刊，2016（5）：73-78.

⑤ 张红宇. 我国农业生产关系变化的新趋势 [N]. 人民日报，2014-01-14（7）.

⑥ 申惠文. 农地三权分离改革的法学反思与批判 [J]. 河北法学，2015，33（4）：2-11.

⑦ 张力，郑志峰. 推进农村土地承包权与经营权再分离的法制构造研究 [J]. 农业经济问题，2015，36（1）：79-92，111-112.

收益权，即收益权；对土地经营权进行入股、抵押的权利，即处分权①。根据冯华和陈仁泽（2013）的观点，在"两权分离"框架下，农民对于承包地并不具备处分的权利，土地承包经营权是作为担保物的身份存在的，而在"三权分置"的框架下，经营权是可以入股和抵押的②。在"两权分离"框架基础上，中共中央办公厅、国务院办公厅出台的《关于完善农村土地所有权承包权经营权分置办法的意见》对经营权的权能进行了补充，增加了一定条件下的处分权③。

第四节　文献综述

一、农地"三权分置"研究综述

20 世纪 90 年代，田则林等（1990）提出为适应不同经济主体利益追求，以"三权分离"代替"两权分离"④。在随后的实践中也证实了"三权分离"有其旺盛的生命力，切合时代的需要（王新国 等，1990)⑤。由此学术界开始广泛研究"三权分置"在农村的应用与发展。

1990 年至今，国内关于农地"三权分置"的研究大致可分为三个阶段。

（1）第一阶段——20 世纪 90 年代至 21 世纪初，侧重于研究"三权"的关系与边界问题。农地产权制度的主要障碍是地权不够稳定，通过明晰所有权、承包权、经营权的范畴，可以有效完善农地产权制度，保障农户权益（韩俊，1999)⑥。而"三权"的明晰也能进一步促进土地使用权流转，加速农村发展（黄祖辉 等，2001)⑦。

---

① 陈朝兵. 农村土地"三权分置"：功能作用、权能划分与制度构建 [J]. 中国人口·资源与环境，2016，26（4）：135-141.

② 冯华，陈仁泽. 农村土地制度改革，底线不能突破 [N]. 人民日报，2013-12-05（2）.

③ 《关于完善农村土地所有权承包权经营权分置办法的意见》规定经营权主要包括占有权、使用权、收益权、补偿权、抵押权、优先续租权和再流转权。

④ 田则林，余义之，杨世友. 三权分离：农地代营：完善土地承包制、促进土地流转的新途径 [J]. 中国农村经济，1990（2）：41-44.

⑤ 王新国，陈晓峰. 从顺城村的实践看"三权分离"[J]. 湖北社会科学，1990（10）：51-52.

⑥ 韩俊. 中国农村土地制度建设三题 [J]. 管理世界，1999（3）：3-5.

⑦ 黄祖辉，傅夏仙. 农地股份合作制：土地使用权流转中的制度创新 [J]. 浙江社会科学，2001（5）：41-44.

（2）第二阶段——21世纪初至2012年，侧重于构建"三权"产权结构。完善农地产权制度，构建"三权"产权结构，有助于明晰和农地相关的利益主体，即国家、集体和农民在责权利上的相互关系（赵紫玉 等，2006）①。但也有学者提出理论上"三权分置"存在一定问题，难以在实践中实现，难以有效保护农民权益（丁关良 等，2009）②。

（3）第三阶段——2013年以后，侧重于运用新视角来探索"三权分置"的发展思路。所有权、承包权和经营权的分置是土地经营制度创新的根本基础（王亚新，2015）③，健全要素市场机制，完善相关制度安排，有利于"三权分置"的落地落实（黄娜，2015）④。农业分工的深化、农地产权的细分和家庭经营空间的扩展，将是农业经营方式转型的基本方向（罗必良 等，2016）⑤。

二、农地适度规模经营研究综述⑥

学者魏后凯（2018）指出，推进土地适度规模经营是实施乡村振兴战略的重要目标。土地的规模化经营是未来20年内农业发展的必然趋势，土地规模经营需要同农村劳动力转移、农业社会化服务水平、农业科技水平相适应，这种经营必定需要进行适度规模经营，因此，土地规模经营需要根据不同阶段的经济发展水平，在不同地区对不同农作物品种进行改良。通过适度规模经营提高农业生产效率也是实施乡村振兴战略的重要抓手，因此，土地经营规模与农业生产效率⑦之间的关系，以及土地适度规模经营的合理区间是接下来需要

---

① 赵紫玉，徐梦洁，於海美. 构建我国农地产权"三权分离"模式：现行农地产权制度改革的设想 [J]. 国土资源科技管理，2006（6）：24-28.

② 丁关良，阮韦波. 农村集体土地产权"三权分离"论驳析：以土地承包经营权流转中"保留（土地）承包权、转移土地经营权（土地使用权）"观点为例 [J]. 山东农业大学学报（社会科学版），2009，11（4）：1-8，121.

③ 王亚新. "四化同步"下的农村土地经营模式探索：基于广东湛江的实践 [J]. 经济地理，2015，35（8）：157-164.

④ 黄娜. 农地产权"三权分置"研究综述与展望 [J]. 农村经济与科技，2015，26（8）：11-13.

⑤ 罗必良，胡新艳. 农业经营方式转型：已有试验及努力方向 [J]. 农村经济，2016（1）：3-13.

⑥ 本部分内容摘自笔者课题"自然村空心化背景下的四川省农村土地、人口、产业互动机制优化研究"的研究成果，课程主持人袁威，课题编号2018ZR0079.

⑦ 经济学界对于农业生产率的测度分为单要素生产率（SFP）和全要素生产率（TFP）两类。其中，单要素生产率包括土地生产率、劳动生产率和资本生产率；全要素生产率是一项综合指标，包括技术进步、效率改善、规模经济、制度创新和专业化分工等多方面内容，代表了要素投入以外的因素。本研究使用土地生产率来衡量农业生产率。

研究的核心问题。在当前中国，土地资源受限已经成为制约农业产出增长的主要因素之一，因此，在土地资源有限的情况下，土地适度规模经营是保证和提高农业生产效率的有效路径。目前，学界对于土地经营规模和农业生产效率的关系并没有统一的定论，存在土地经营规模和农业生产率不相关、负相关和正相关三种结论。Feder（1985）指出，在信贷市场不完善、道德风险导致雇佣劳动力农业生产率普遍低于农户投入自身家庭劳动的农业生产效率的情况下，种植面积或规模与农业生产效率没有直接关系。

更为深入地，对于认为土地规模经营与农业生产效率存在负向关系的部分研究者而言，他们对导致两者负相关的原因也各持己见。如 Bardhan（1973）分析了近 1 000 户印度农户数据后，认为可能是土地和劳动力要素市场不完备导致了土地面积和农业生产效率的负相关关系，Ghose（1973）也同样以印度的农业生产效率为研究对象，得出了相似的结论。Barrett（1996）进一步研究发现，要素市场的不完备只能部分解释土地规模和农业生产效率负相关的结论，而更主要的原因是农产品价格的不确定性。另外，Carter（1984）将关注点放到土壤质量上后发现，土壤质量的差异才是引起土地规模和农业生产率负相关的核心因素，而非要素市场的不完备；这一结论也在后来 Benjamin（1995）的研究中得到了证实。但随后，Bhalla 和 Roy（1988）按照地理区域将样本进行细分后却发现，土壤质量差异对土地规模和农业生产效率负相关的解释力度非常弱；Barrett（2010）也通过实验室测量法发现，土地质量差异对两者的负向关系根本不具有解释力。此外，Chenetal（2011）运用工具变量的手段分析发现，土地面积测量误差是导致农业生产率和土地面积负相关的重要原因；Carlettoetal（2013）等也同样证实了这一观点。

此外，还有学者研究认为土地规模和农业生产效率正相关。Heltberg（1998）以发展中国家巴基斯坦为研究对象，发现随着农药、化肥使用量的增加弥补了土地的不足、现代机械的使用弥补了劳动力短缺后，土地规模和农业生产效率的负向关系会逐渐消失，并有向正向关系发展的趋势；Foster（2011）在使用了印度的样本数据后也得出相同的结论。另外，Kevane（1996）研究发现，由于增加化肥和农用机械的使用量，苏丹的土地规模和农业生产效率正相关；类似地，Zaibet 和 Dunn（1998）、Kawasaki（2010）分别研究了突尼斯和日本的农业生产状况，得到了同样的结论。

中国以全世界 7% 的土地面积养活了全世界 22% 的人口，检验其土地经营规模和农业生产效率对评估相关政策的有效性和科学性、保障中国粮食安全具有重要的现实意义。因此，国内也有很多学者对此问题进行了研究，如王建英等（2015）以江西省上饶市3个县稻农的两期数据为样本，运用固定效应模型分析发现，在地块层面，土地经营规模和农业生产效率显著正相关，而在农户层面，这一关系虽不显著，但仍表现为正相关。

基于以上研究，本书归纳出以下结论：①导致学者们对土地规模经营和农业生产效率的关系得出不同结论的原因有很多，具体可分为三类，即要素市场不完备、土壤质量差异和土地面积测量误差；②进一步的研究应当尽可能地控制住那些影响识别土地规模经营和农业生产效率关系的因素，然后寻找一个使得农业生产效率最高的适度土地规模经营区间，而非简单测算其效率或相关关系；③已有研究大多采用传统的回归方法，在识别影响生产效率的因素方面可能还不够精准。

三、工商资本下乡对农民主体作用影响的研究综述[①]

围绕工商资本下乡后农民主体作用的发挥，国内外学者展开了大量研究。从国外研究的情况来看，主要聚焦三方面问题：第一，工商资本下乡实现了传统农业的改造。在资本助推下，合作社被赋予卖者与买者的职责，成为农业共同经营集团，这事实上弱化了农民在乡村开发中的主体地位（孟德拉斯，1991[②]；Oczkowski，2013[③]）。第二，工商资本带来的以现代组织为载体的农业经营主体是顺应农业发展的正确选择，包含制度变迁、制度特征、制度绩效以及国际合作社联盟等特征，从这个意义上来讲，农民主体作用的弱化是农业农村市场化推进过程中的必然现象（Hayami Yujiro，2007[④]；Mark Granovetter，2017[⑤]）。第三，资本下乡给农民带来的最重要的非货币利益是生产要素投入效率的提高。工商资本可以实现包括资源禀赋、文化禀赋以及技术和制度四要素的农业发展诱导创新，这为新型职业农民的培育以及重塑现代农民主体作用

---

① 袁威. 工商资本参与下农民主体作用的困境与破解思路：基于S省20个乡镇59个村庄的调查［J］. 行政管理改革，2020（11）：78-85.（该文为本研究的阶段性研究成果。）

② 孟德拉斯. 农民的终结［M］. 李培林，译. 北京：中国社会科学出版社，1991.

③ OCZKOWSKI E，KRIVOKAPIC - SKOKO B，PLUMMER K. The meaning，importance and practice of the co - operative principles：qualitative evidence from the australian cooperative sector［J］. Journal of co - operative organization and management，2013（2）：54-63.

④ HAYAMI YUJIRO. An emerging agricultural problem in high-performing asian economies［R］. Policy Research Working Paper，2007.

⑤ GRANOVETTER M. Society and economy：framework and principles［M］. Massachusetts：Harvard University Press，2017.

打下了基础（Theodore W. Schultz, 1984①）。

国内学者的研究则结合新时代我国农业农村发展的实情，聚焦政策和利益分享机制，从两方面进行研究。第一个方面，从政策层面突出了"三权分置"改革后农民主体作用的变化。"三权分置"进一步打消了资本下乡的顾虑，带来的首要变化是土地租金的明晰化，有利于工商资本在现代制度下经营现代农业（张元红 等，2012②）。"三权分置"后，工商资本进入农业是一个大的趋势，也需要通过工商资本的进入给农业带来资金和现代生产要素（陈晓华，2015③；潘俊，2015④；杨仕兵，2016⑤）。与此同时，作为工商资本下乡重要载体的农民合作社出现异化，高歌猛进的资本下乡将形成规模经济效应、知识溢出效应和社会组织效应（涂圣伟，2014⑥；侯江华 等，2015⑦）；但是，资本下乡后作为合作社基本原则核心的自愿开放、民主管理、社员经济参与（苑鹏，2009⑧；黄祖辉 等，2009⑨）已受到严重冲击，"所有者与惠顾者同一"（邓衡山 等，2014⑩）的合作社独特优势遭到削弱，成员关系、决策方式、收益分配等导致合作社的组织性质发生变异（苑鹏，2013⑪），这就直接导致了农民难以在农业经营决策中发挥主观能动性，"与土地距离越来越远"。第二个方面，从利益机制角度来分析工商资本下乡后的农民主体作用发挥。黄韬和王双喜（2013）认为，无论从哪种维度研究乡村治理问题，利益维度始

---

① SCHULTZ T W. An unpersuasive plea for centralized control of agricultural research: One report of the Rockefeller Foundation [J]. Minerva, 1984, 21 (1): 141-143.

② 张元红，李静，张军，等. 农户民间借贷的利率及其影响因素分析 [J]. 农村经济，2012 (9): 8-12.

③ 陈晓华. 正确认识和把握国家粮食安全新战略：在中国农业经济学会年会上的致辞 [J]. 农业经济问题，2015, 36 (1): 4-7.

④ 潘俊. 农村土地承包权和经营权分离的实现路径 [J]. 南京农业大学学报（社会科学版），2015, 15 (4): 98-105, 134-135.

⑤ 杨仕兵. 论消费公益诉讼的界定及其可诉范围 [J]. 齐鲁学刊，2016 (1): 109-114.

⑥ 涂圣伟. 工商资本下乡的适宜领域及其困境摆脱 [J]. 改革，2014 (9): 73-82.

⑦ 侯江华，郝亚光. 资本下乡：农民需求意愿的假设证伪与模型建构：基于全国214个村3183个农户的实证调查 [J]. 农村经济，2015 (3): 64-68.

⑧ 苑鹏. 部分西方发达国家政府与合作社关系的历史演变及其对中国的启示 [J]. 中国农村经济，2009 (8): 89-96.

⑨ 黄祖辉，邵科. 合作社的本质规定性及其漂移 [J]. 浙江大学学报（人文社会科学版），2009, 39 (4): 11-16.

⑩ 邓衡山，王文烂. 合作社的本质规定与现实检视：中国到底有没有真正的农民合作社？[J]. 中国农村经济，2014 (7): 15-26, 38.

⑪ 苑鹏. "公司+合作社+农户"下的四种农业产业化经营模式探析：从农户福利改善的视角 [J]. 中国农村经济，2013 (4): 71-78.

终是核心因素，乡村治理理念、方略和施策必须围绕特定治理单位的治理事务和相关联的治理主体、利益主体或者治理单元外利益相关者来展开①。

四、农地流转与农村集体经济实现的研究综述

土地流转和适度集体经营是促进农业规模化发展的前提条件（刘良军，2010）②，集体经济的实现，关键在于土地的分配处置。目前学术界关于农地流转与农村集体经济实现的研究还较少，已有研究可以分为以下两类：

一是农村集体经济有效实现形式研究。集体产权改革对于农村集体经济实现具有重要意义。现阶段，我国推动农村集体产权改革主要是通过产业带动、集体带头和政府引导等形式③，而集体经济的实现形式则具有多样性，如社区股份合作、集体自营、外租等多种形式④⑤⑥⑦。农村集体经济实现形式在不同的形势下，并不是一成不变的，应该根据农村的发展状况，灵活安排与之适应的集体经济实现形式。

二是农村集体组织与农地流转关系研究。一方面，村集体决策对于土地流转的落地落实具有重要作用⑧⑨。当前农村土地流转还面临着一系列问题，如行政色彩强烈，市场机制引入不足，严重阻碍了土地流转能效的提升⑩。另一方面，土地流转可以实现土地相对集中管理生产，有利于实现规模经营，形成

---

① 黄韬，王双喜. 产权视角下乡村治理主体有效性的困境和出路 [J]. 马克思主义与现实，2013（2）：173-179.

② 刘良军. 村级集体经济背景下土地流转问题探析 [J]. 党政干部学刊，2010（9）：47-49.

③ 张应良，杨芳. 农村集体产权制度改革的实践例证与理论逻辑 [J]. 改革，2017（3）：119-129.

④ 周湘智，陈文胜. 农村集体经济有效实现形式：基于现代产权视角 [J]. 求索，2008（1）：40-41.

⑤ 陈军亚. 产权改革：集体经济有效实现形式的内生动力 [J]. 华中师范大学学报（人文社会科学版），2015，54（1）：9-14.

⑥ 黄振华. 能人带动：集体经济有效实现形式的重要条件 [J]. 华中师范大学学报（人文社会科学版），2015，54（9）：15-20.

⑦ 邓大才. 产权与利益：集体经济有效实现形式的经济基础 [J]. 山东社会科学，2014（12）：29-39，2.

⑧ 秦雯. 欠发达村庄农地流转中农民意愿与村集体决策 [J]. 华南农业大学学报（社会科学版），2012，11（2）：44-50.

⑨ 罗玉辉，林龙飞，侯亚景. 集体所有制下中国农村农地流转模式的新设想 [J]. 中国农村观察，2016（4）：84-93，97.

⑩ 徐勇，赵德健. 创新集体：对集体经济有效实现形式的探索 [J]. 华中师范大学学报（人文社会科学版），2015，54（1）：1-8.

部分规模经济①。

农地流转对壮大集体经济具有重要作用，但从已有文献来看，目前学术界更多的是关注农村集体经济的实现形式，而关于农地流转对集体经济发展影响的研究相对较少，这一短板还有待补齐。

五、农地流转与基层政府信任相关性研究综述②

从已有的研究文献来看，存在大量分别研究信任及农地流转的文章，对信任在农村经济特别是土地流转中的影响逻辑进行了剖析。也有少量的论文将研究中心聚焦在"政府信任"，对基层政府权力的行使与农地流转关系进行研究，并以土地流转为着眼点结合乡村治理进行研究。

从信任在土地流转中发挥的作用来看，洪名勇和龚丽娟（2015）通过对贵州5个县404户农户调查研究发现：信任不仅影响农户流转农地时对契约的选择，而且影响农地是否顺利流转③。柳青（2016）使用江苏省盱眙县和湖北省监利县调研数据研究非农就业、品格信任对农地租赁契约选择的影响，结果表明，选择完整和规范的非关系型契约有利于约束承租方机会主义行为，降低农地流转纠纷的发生率④。王敬尧（2018）认为农地规模经营在土地流转、生产经营和利益分配环节越来越呈现不同主体间的不信任，这降低了农地规模经营的效益。原因在于农民的信任逻辑仍是传统信任机制，而新型农业经营主体所依托的现代信任机制并不健全：一方面建构现代信任机制的主体性要素——制度法规有待进一步完善；另一方面现代信任机制建构中不可或缺的要素——"人情"被新型农业经营主体忽视。此外，作为衔接以上两种信任机制的"中介"——村组织也存在权威弱化的问题，使得村庄无法建构顺畅的"农民—村组织—新型农业经营主体"信任机制，进而使得农地规模经营的经济效益、社会效益发生折损⑤。李垚（2008）认为，在农地流转过程中，农户对于交易

① 郑长青. 农村土地承包经营权流转和农村集体经济发展研究 [J]. 淮海工学院学报（人文社会科学版），2016，14（7）：85-87.

② 蒲实，袁威. 政府信任对农地流转意愿影响及其机制研究：以乡村振兴为背景 [J]. 北京行政学院学报，2018（4）：28-36.（该文为本研究的阶段性研究成果）

③ 洪名勇，龚丽娟. 基于信任的农地流转契约选择研究 [J]. 江西社会科学，2015，35（5）：218-222.

④ 柳青. 非农就业、品格信任对农地租赁契约选择的影响研究 [D]. 南京：南京农业大学，2016.

⑤ 王敬尧，王承禹. 农地规模经营中的信任转变 [J]. 政治学研究，2018（1）：59-69，127-128.

对象信任程度越高，那么做出农地流转决策的可能性越大；反之，则越小①。

上述文献分析了"信任"对农地流转各利益主体产生的作用，表明"信任"在土地流转经营决策中起到非常大的作用。除此之外，少数研究聚焦于"政府信任"，分析政府信任对农村经营决策的影响。具体来说，李小勇和谢治菊（2013）认为受中央集权政治体制的影响，我国村民对政府的信任度随政府层级和抽象程度的下降而降低，呈现出明显的层级差异，这种层级差异对乡村治理绩效产生了较明显的影响②。谢治菊（2012）通过调查发现，村民对立法机关、政府决策、高层政府官员的信任度较高，对实际政府和政府行为的信任度较低；村民对家人、邻居、朋友的特殊信任较高，但对大多数人和陌生人的普遍信任较低，呈现出典型的差序格局③。谷满意（2013）认为，政府权力在农地流转中发挥着抽象和具体两方面的作用。从抽象行为来看，政府在土地流转过程中制定相关政策与法律；从具体行为来看，政府一方面在土地流转过程中严格执行相关的政策、法律和制度，另一方面也对农民土地流转提供服务与指导④。为了推动农地流转的顺利进行，政府应构建和完善土地流转风险保障机制、农村社会保障机制和农民就业培训机制，搭建农村土地流转中介组织，通过正确引导来合理行使政府在农地流转中的权力⑤。李毅（2015）认为，在当前中国农地流转中，农民群体、乡村基层政府与乡村精英之间正在形成新的博弈，部分乡镇对农地流转实行乡、村二级工作管理模式，同时，人情干预在农地流转中起着重要作用，基层政府与乡村"威望人士"间达成默契，诱导农户进行农地流转⑥。

通过对上述相关文献的综述，笔者认为已有文献对农地流转中政府应扮演的角色和发挥的作用进行了充分探讨，但是对政府行为影响农户流转决策的机制没有进行探讨，尤其是对乡镇基层政府行为如何影响农户的政府信任并进而影响农户流转决策的完整逻辑框架缺少研究，也缺乏样本量较大的微观实证。

① 李垚. 农地流转过程中的信任问题研究 [D]. 贵阳：贵州大学，2008.

② 李小勇，谢治菊. 村民政府信任与乡村治理绩效：理论阐释与实证表达 [J]. 学习论坛，2013，29 (9)：44-48.

③ 谢治菊. 村民的政府信任对社会信任的影响：来自贵州和江苏农村的调查 [J]. 探索，2012 (3)：76-83.

④ 谷满意. 农村土地流转：政府权力与农民权利关系的研究 [J]. 湖北省社会主义学院学报，2013 (4)：62-66.

⑤ 郎佩娟. 农村土地流转中的深层问题与政府行为 [J]. 国家行政学院学报，2010 (1)：28-32.

⑥ 李毅. 土地流转中的乡村基层政府与人情干预：基于浙北 A 乡的考察 [J]. 江西行政学院学报，2015，17 (3)：74-80.

第五节　研究方法

本书具体的研究方法主要有以下四种：

一是文献检索法。对"三权分置""农地流转""农地适度规模经营""工商资本下乡"等主要相关概念进行梳理和界定，并以"农地'三权分置'""农地适度规模经营""工商资本下乡对农民主体作用影响""农地流转与农村集体经济实现""农地流转与基层政府信任"等为主题进行文献梳理。

二是数量分析法。采用 Excel、Stata 等软件，运用线性回归法等量化方法，对非农就业与农地租赁关系进行了微观和宏观实证分析，开展了乡镇基层政府信任对农地流转影响的实证分析。

三是调查走访法。笔者选取了成都市温江区、眉山市彭山区、巴中市巴州区、遂宁市船山区、广元市利州区以及宜宾市屏山县 6 区县的 15 个村庄进行专题调研，总结了工商资本参与"三权分置"改革的利益联结模式，分析了工商资本参与"三权分置"改革的风险。笔者对四川省的成都、达州、广安、广元、绵阳、自贡、乐山、凉山、眉山、内江的 20 个乡镇 59 个村庄进行了微观调查，对关系农民主体作用的乡村利益机制的四大子机制进行了微观验证。笔者对成都、南充、凉山、达州、绵阳等地的 13 个县（区、市）的 92 个乡镇和村庄进行深度走访调研，分析了"三权分置"改革中壮大集体经济的主要风险和主要路径。

四是个案观察法。笔者通过对徐州市紫海蓝山项目、南京市华成蔬菜项目、泰州市东罗村项目等典型案例的研究，依据工商资本对项目参与程度的差异，将"三权分置"改革中各类主体联结的逻辑架构主要分为工商资本主导、"工商资本+中介组织+农户"和"工商资本+地方政府+村集体+农户"三种类型。通过对贵州省安顺市平坝区塘约村、山东省东平县、四川省崇州市、湖南省长沙市宁乡市大成桥镇鹊山村等地区"三权分置"改革实践的分析，总结出"村社一体、合股联营"的"塘约模式"，"土地股份合作社"的"东平模式"，"农业共营制"的"崇州模式"，"土地合作经营"的"鹊山模式"等具有典型代表性的改革模式。

第二章 "三权分置"是我国农地制度改革的必然趋势^①

农业用地是农民的直接劳作对象及相对于市民来说特有的生产要素，是农业的直接承载体，也是农村经济问题与社会问题的焦点，因此土地可以说是"三农"问题的关键。新中国成立以来，我国农业用地经历了"家庭联产承包责任制"改革，并在此基础上进行了持续改进和完善。梳理在农业发展的不同阶段，我国农地制度演进特征及其原因，本书认为"三权分置"是我国农地制度改革的必然趋势。

第一节　新中国成立以来我国农地制度改革的三个阶段

一、"提产增效目的导向"的农地改革："家庭联产承包责任制"的确立

20世纪50年代，农地制度从"农民的所有制"转向了"人民公社制"，这种所有权和经营权都高度统一的农村集体土地制度客观上抑制了土地产出效率，造成了严重的粮食危机和农村贫困。在此情况下，70年代末，有效提高我国粮食供给总量就成了农村经济发展的首要课题，也成了改革的直接目的。从当时的历史现实来看，在技术条件不变的前提下，要实现这一目的的关键在于通过农村土地产权体制机制的改变来提高农业生产率。

1．"提产增效目的导向"改革的政策实现过程

1978年12月，党的十一届三中全会通过了《中共中央关于加快农业发展

---

① 蒲实，袁威. 中国改革开放39年农业用地制度研究［J］. 中国土地科学，2017，31（7）：91-96.（该文为本研究的阶段性研究成果）

若干问题的决定（草案）》和《农村人民公社工作条例（试行草案）》。这两份文件首次提出要发展包括联产计酬责任制在内的多种形式责任制，但是限于认识的局限性和思想观念的束缚，文件中规定不许"包产到户"。1980年，以邓小平公开表态支持和肯定小岗村"大包干"的做法为标志①，农村土地制度改革势在必行。1982年1月，党的历史上第一个关于农村工作的中央一号文件《全国农村工作会议纪要》正式颁布，标志着来源于农村基层创新的"家庭联产承包责任制"政策在全国逐步开始施行，实现了土地所有权与使用权的"两权分离"，改革开放后的农村土地制度迎来第一次大变革。

2. "提产增效目的导向"必须实现土地制度的"两大调整"

在经济社会发展处于较低层次的阶段，农地制度就必须服务于"合理的目的"，也即通过提高土地产出率来直接实现经济效率。其中，涉及两个问题的解决：第一，经济效率的提高必须让农户获得农地的自主经营决策权。为了解决这一问题，中央的农地制度改革认可了"家庭联产承包责任制"对国家政治权利与农村土地集体产权的分离，在政社合一的人民公社时期，农村集体土地的所有权按照规定，由人民公社、生产大队、生产队共同所有，当政治权力介入土地产权后，集体土地所有权的经济、民事功能被淡化，土地的生产经营权受到政策的极大干预。改革后农户能够根据市场情况自主决定生产对象和生产数量，经济的独立性增强，农业经营的责任意识和主观能动性被调动起来，实现了农村生产力的大解放。第二，农户的农地收益应当与农地经营投入的生产要素紧密挂钩，让农民享有除固定额度税租以外的完全剩余。家庭联产承包责任制调整了国家、集体和农民利益分配格局。实行承包制以前，农民与集体的关系是人民公社时期农民获得"固定工资"，实行承包制以后农民除上缴"固定租金"外完全享有农业剩余，这极大弱化了国家和集体在农业内部的经济利益，农民个体利益得到了倾斜性的保障。

3. "提产增效目的导向"改革的结果是产生了正向经济激励

改革开放后确立的"家庭联产承包责任制"，从本质上来看就是要提高土地的产出效率，因此必然要求农地经营出现明显的正向反馈结果。在这种"提产增效目的导向"的改革推动下，出现了三大正向经济激励：一是农业总产值大幅增长。1978—1984年，农产品产值以不变价格计算增长了42.2%②，在农业增长的要素贡献中，土地制度的变革贡献率高达46.9%，相当于同期土

---

① 邓小平. 邓小平文选：第二卷 [M]. 成都：四川民族出版社，1998.

② 国家统计局. 中国统计年鉴（1983）[M]. 北京：中国统计出版社，1984.

工商资本参与"三权分置"改革视角下的农民土地利益分享机制研究

地投入、化肥、资本和劳动力的总效应（45.8%）[1]。二是有效提高了粮食供给。1978—1984 年，我国粮食产量由 3.04 亿吨增加到了 4.07 亿吨，年增长率高达 4.9%；而人均粮食产量也从 316.6 千克增加到 390.3 千克，年均提高了3.3%[1]。三是带动了乡镇企业的发展。承包制促进了农业的分工，导致农业剩余劳动力转向第二产业。1978—1989 年，乡镇企业数量从 152 万个剧增到1 868 万个，乡镇企业就业人数从 2 827 万人增长到 9 265 万人，占农村劳动力的比重从 9.5% 提高到了 22.1%[2]。乡镇企业容纳了 50% 的农村剩余劳动力，其异军突起成为"完全没有预料到的最大的收获"[3]。

二、"明晰基本规则导向"的农地改革："家庭联产承包责任制"的制度完善

通过推行家庭联产承包责任制，我国实现了农地生产率大幅提高。但与此同时，考虑到家庭联产承包责任制事实上仍属于"顶层设计"，与完善的"制度规则"比起来有较大的距离。总体来说，家庭联产承包责任制的初期制度框架缺乏两方面的"实践规则"：第一，农地是否可以通过自愿、有偿的方式流转，流转给谁；第二，农地的属性和面积如何确定等。对以上两个问题的讨论以及问题解决办法的出台过程，事实上就是对家庭联产承包责任制的制度补充和完善，其本身形成了以明晰基本规则为导向的农地改革。

1. 农地如何物尽其用：农地流转的合法性的规则确立

农地作为我国粮食安全的载体和保障，其充分利用显得非常重要。然而，在推进家庭联产承包责任制过程中，有两大问题制约了农地的物尽其用：第一，家庭经营的土地规模过小，难以形成规模经济收益。20 世纪 80 年代中期，我国户均土地面积为 8.4 亩（1 亩≈666.67 平方米，下同），而到 90 年代中期则下降到 6 亩，且户均承包土地高达 9~10 块，全国 30% 左右的省份人均耕地不足 1 亩，户均耕地总量也只有 2 亩左右[4]。细小且分散的田地结构，使得农民耕作经营十分不便，农户也无法进行大规模的投入，农业机械化和农业技术进步的实现非常困难。第二，农民从事小农生产的机会成本太大。在城乡被严格分割，劳动力在农业与二、三产业之间流动受到束缚的改革开放初期，

---

① 林毅夫. 再论制度、技术与中国农业发展 [M]. 北京：北京大学出版社，2000.

② 林绍珍. 改革开放以来农村劳动力非农就业的变迁及启示 [J]. 成都大学学报（教育科学版），2007（1）：11-12，21.

③ 邓小平. 邓小平文选：第三卷 [M]. 北京：人民出版社，1993.

④ 石传刚. 中国农业产业化经营与家庭联产承包责任制 [J]. 中共贵州省委党校学报，2007（2）：39-41.

家庭联产承包责任制将土地的经营权和农业剩余的索取权授权给了农户，这种激励机制在很大程度上降低了人民公社时期劳动要素投入的道德风险，从而提高了农业生产效率。然而，伴随着改革开放的深入，农村剩余劳动力能够向工业、服务业部门自由流动时，农业生产的机会成本则较为显著地呈现出来，并极大影响了农民的就业决策①。基于以上缘由，在市场经济条件下，农民为了追求自身劳动利益最大化，在能力允许的范围内更倾向于非农就业，而导致农地粗放经营甚至撂荒。因此，为了使农地物尽其用，有必要从顶层设计上确立"农村土地承包经营权流转"的合法性。

1998年10月，党的十五届三中全会通过的《中共中央关于农业和农村工作若干重大问题的决定》中第一次出现了"土地流转"和"适度规模经营"的提法。这一提法，既说明了农田细碎不利于农业的机械化和降低劳动、资本要素的边际投入成本，也强调了"适度"的重要性，土地规模要能够充分发挥劳动和其他生产要素的作用，避免生产要素的浪费和短缺。2002年8月29日，第九届全国人大会常务委员会第二十九次会议通过的《中华人民共和国农村土地承包法》，首次从法律层面明确了农民承包的土地在不变更农业用途的情况下可以进行流转。2004年8月28日，第十届全国人民代表大会第十一次会议第二次修改并通过的《中华人民共和国土地管理法》，明确了农民承包的土地在不改变用途的情况下可以流转。

农地流转合法性的规则确立以后，农地流转速度加快，规模加大。2007年全国家庭承包耕地流转面积约为6 372万亩，仅占家庭承包耕地总面积的5.2%②，而到2015年年底，全国家庭承包耕地流转面积达到4.47亿亩，占家庭承包经营耕地总面积的33.3%，年均新增流转面积4 800万亩，涉及数以百万计的承包农户③。研究发现，抑制农地流转最主要的因素是农地承包的"有限期限"问题，《中华人民共和国土地承包法》第20条规定"耕地的承包期为

①　本书调研发现，湖北、广西等样本地区水稻种植户均2~3亩，亩均产量475公斤，大米单价以3元计算，亩产值为1 425元，加上国家给予的良种补贴、农资综合补贴等105元，每亩总收入1 530元，除去种子、化肥、农药等显性种植成本900元，则农户水稻种植年净收入在2 400元左右，农户总抱怨"一亩田地，种粮食年收入几百元，种烟、油等经济作物年收入几千元，种花卉年收入几万元，不是想到自己种的粮食吃着放心是绝对不种的，耗时耗力还不挣钱"；与此相对应的是，如果农民到城市打工，从事泥木水电等工作，日均收入都在250元左右，年收入不会低于4万元，因此农民从事小农生产的机会成本太大，农业生产动力和激励机制严重不足。

②　中国社会科学院金融研究所，特华博士后科研工作站. 中国农村土地市场发展报告（2015—2016）［M］. 北京：社会科学文献出版社，2016.

③　张红宇. 解读：农村土地经营权流转［EB/OL］.（2016-07-13）［2021-11-15］. http://country.cnr.cn/ gundong/20160713/t20160713_522670266.shtml,2016/7/13.

30 年"，也即土地流转权的设定从法律上来说不得超过 30 年的上限，随着二轮承包期限的到期，无论是土地流入方还是流出方主观上继续流转的意愿都会越来越弱。

2. 农地的属性和面积如何确定：农地确权的规则确立

农地改革必须建立在农地属性、面积清楚的前提之上，因此推进农村土地承包经营权确权登记颁证以明晰土地产权作为对农地最基础性的"规则确立"，是农地制度进一步改革顺利实施的前提。

2008 年，党的十七届三中全会明确提出"要赋予农民更加充分而有保障的土地承包经营权，稳定并保持现有土地承包关系长久不变"。对于如何认定"长久不变"及实现"长久不变"，因政策上没有明确界定，学术界展开了长时间激烈的辩论，而确权赋能的方式能够确保土地承包关系"长久不变"，在稳定农村基本经营制度方面具有重要的创新意义。2013 年，中央一号文件对完成农村土地承包经营权确权提出了 5 年的时间要求。2014 年，中央一号文件提出确权可采用"确权确地"与"确权确股不确地"两种方式。2014 年 11 月，中办和国办联合印发的《关于引导农村土地经营权有序流转发展农业适度规模经营的意见》对两种确权方式进行了明确。2015 年，中央一号文件要求"对土地等资源性资产，重点是抓紧抓实土地承包经营权确权登记颁证工作""扩大整省推进试点范围，总体上要确地到户，从严掌握确权确股不确地的范围"。为了贯彻落实 2015 年中央一号文件，2015 年 2 月六部委联合下发《关于认真做好农村土地承包经营权确权登记颁证工作的意见》，明确在 2009 年确定的 1 998 个试点县基础上，"继续扩大试点范围"，强调"土地承包经营权确权登记的核心是确权，重点在登记，关键在权属登记"。2016 年，中央一号文件明确要求，"到 2020 年基本完成土地等农村集体资源性资产确权登记颁证，继续扩大农村承包地确权登记颁证整省推进试点"。

确权登记工作的稳步推进，有效稳定了农业经营制度。截至 2016 年 3 月，全国范围内已有 2 423 个县、2.4 万个乡镇、38.5 万个村开展了农村土地承包经营权确权登记颁证试点工作，实测承包耕地面积近 7 亿亩。中央按照 10 元/亩的标准，安排了 181.4 亿元专项补助①。中央给出的时间表是 5 年时间内结束确权登记颁证工作，但研究发现，确权进展与基层政府意愿密切挂钩。农地确权及统一登记发证无疑会给农民带来更好的产权保障，但是可能给地方政府工

---

① 陈晓华. 农业部副部长在全国农村经营管理暨土地承包经营权确权工作会议上的讲话 [EB/OL]. (2016-03-04) [2021-11-15]. http://www.gov.cn/xinwen/2016-03/04/content_5048948. htm, 2016/2/25.

作尤其是征地方面的工作造成影响。实际上，农地确权以前，农民几乎是被排斥在农地增值收益分配之外的，农民很难对农地征收产生影响，也谈不上平等谈判征地补偿。农地确权可以在很大程度上防止之前的乱征地现象，也能够较好保护农民权益。但是，若是基层政府难以适应这种变化，则会对确权的推动产生消极影响。

三、"赋权扩能价值导向"的农地改革：通过"三权分置"强化农地产权权能

如果说"提产增效目的导向"的农地改革是在改革开放初期，根据当时城乡经济社会发展特征做出的必要探索，以满足农地经营效率提高的客观要求；"明晰基本规则导向"的农地改革是在家庭联产承包责任制框架下对基础性规则的制定和补充，是在深化农业农村改革进程中对农地制度的主动完善。那么，在"提产增效目的导向""明晰基本规则导向"的农地改革已经完成或正在完成的同时，理应转向制度具有"理念""情感"的主动革新期，以使得农地制度更合理、更科学，让农地政策的预期在更符合农业发展客观规律的同时，更加体现"增进农民福祉"的动机和价值取向。

1. 以"赋权扩能"为价值导向的农地改革，其本质是增进农民福祉

2014 年中央一号文件对之后农业农村工作开展提出了总的要求，即"力争在体制机制创新上取得新突破、在现代农业发展上取得新成就、在社会主义新农村建设上取得新进展，为保持经济社会持续健康发展提供有力支撑"。在这句话中前三句是深化农村改革的三项具体内容，而最后一句是深化农村改革的结果。在这份中央一号文件中并没有明确说明农村改革的出发点与落脚点，也即没有明确说明农村改革的价值取向问题，容易让政策实施者根据自身理解而对改革侧重点进行不同解读。但是，2016 年出台的中央一号文件《关于落实发展新理念加快农业现代化实现全面小康目标的若干意见》的引言部分，明确提出"把坚持农民主体地位、增进农民福祉作为农村一切工作的出发点和落脚点"，这就从价值判断上明确规定了今后农村工作的价值取向一定是"人"，当然也为农地改革的深化提出了评价的基本标准。

2. 以"赋权扩能"为价值导向的农地改革，通过"三权分置"扩展了"占有权"和"使用权"

在很长时间内，"农村承包经营权"都作为"土地使用权"的表征而被整体使用，然而从 1998 年开始日益加快的"流转"的真正对象是"承包土地的经营权"，而非"承包权"，因此将"承包权""经营权"分开并与"所有权"并列，不仅有助于从法律上明晰土地利益对象，也有助于从实践层面推进土地

经营权有序流转，真正"落实集体所有权、稳定农户承包权、放活土地经营权"。

党的十八届三中全会通过的《中共中央关于全面深化改革若干重大问题的决定》，从"物权"的角度明确"赋予农民对承包地占有、使用、流转、收益和承包经营权抵押和担保权能，允许农民以承包经营权入股发展农业产业化经营"。这是我国首次从政策层面明确了农户承包土地的完整产权权能的农地制度，但与此同时，也给传统的"承包经营权"的统称带来了挑战。因此，当农地完整产权权能被提出来以后，业界及学者就农地的"占有""使用"是否有必要分开进行了辩论。2014年中央一号文件正式提出"三权分置"①，表明农地承包经营权被进一步区分为"使用权"与"承包权"，农民占有农地的承包权，即占有权；而流转农地的经营权，即使用权；所有权、承包权和经营权"三权分置"。"三权分置"的实施，凸显了农地制度改革符合客观规律，充分尊重、维护了承包者的权益、地位，打通了现代农业发展的关键桎梏。"三权分置"后，农民专业合作社等新型农业经营主体放心流转农地经营权，而向拥有"占有权"的农民支付流转费。以笔者在成都崇州的调研为例，当地水稻专合社每年每亩付给农民等价于500斤（1斤＝500克，下同）黄谷的租金，专合社因"使用权"获得500元每亩每年的适度规模补贴；农民因"承包权"获得每亩每年360元的耕保基金和93.4元的粮食直补。2016年8月30日，中央全面深化改革领导小组第二十七次会议审议通过的《关于完善农村土地所有权承包权经营权分置办法的意见》，进一步明确了农村"三权分置"的基本政策方针②。

3. 以"赋权扩能"为价值导向的农地改革，主线是鼓励农民获取长期稳定财产性收益

除了扩展农户承包经营土地的"占有权"和"使用权"以外，以"价值"为导向的农地改革还从两个层次鼓励农民参与土地收益二次分配，以获取长期稳定财产性收益：

---

① 即"稳定农村土地承包关系并保持长久不变，赋予农民对承包地占有、使用、收益、流转及承包经营权抵押、担保权能。稳定农户承包权、放活土地经营权，允许承包土地的经营权向金融机构抵押融资"。

② 会议明确指出，"深化农村土地制度改革，实行所有权、承包权和经营权'三权分置'，是继家庭承包制后农村改革的又一大制度创新，是农村基本经营制度的自我完善""农村土地农民集体所有必须牢牢坚持。要严格保护农户承包权，任何个人和组织都不能取代农民家庭的土地承包地位，都不能限制和非法剥夺农户的土地承包权。要放活土地经营权，在依法保护集体所有权与农户承包权的前提下，平等保护经营主体依流转合同取得的土地经营权，保障其有稳定的经营预期"。

第一，扩展农户对本集体所有土地增值、分配、收益的"收益权"。我国从2013年起，不断提出相关政策，保障农民基本权益[①]。第二，搭建了农地经营权抵押平台，扩展了农民土地财产性直接收益或农民合作社二次分配的渠道。《中共中央关于全面深化改革若干重大问题的决定》对农民承包土地经营权相关权能进行了规定，实现了国家对承包土地经营权抵押、担保权能等相关限制的突破。2015年8月10日，国务院印发的《关于开展农村承包土地的经营权和农民住房财产权抵押贷款试点的指导意见》，决定由中国人民银行会同中央农办等11部门，组织开展农民住房财产权和农村承包土地的经营权（"两权"）抵押贷款试点，主要包括赋予"两权"抵押融资功能、推进农村金融产品和服务方式创新、建立抵押物处置机制、完善配套措施、加大扶持和协调配合力度五项试点任务。2016年3月25日，"两个办法"从贷款对象、配套支持措施、贷款管理、风险补偿和试点监测评估等方面，明确了相关部门、金融机构和试点地区推进落实"两权"抵押贷款试点的政策要求；对于"两权"抵押业务在贷款用途、抵押物认定和风险防控方面有着明确的底线，这些底线要求将有利于"两权"试点的业务进一步推进。农民不管是以地入社的专合社成员还是作为农地经营者，其农地财产权权能都得到了大大的加强。

4. 以"赋权扩能"为价值导向的农地改革，在基层实施层面仍存在认识的分歧

笔者发现，对如何看待"三权分置"及实现"分置"的路径，各地在具体实践中存在着两种不同的认知，且差异较为明显：

第一，认为"经营权"由原"承包经营权"派生，"三权分置"主要有利于工商资本。部分农业经营主体负责人认为"三权分置"就是在坚持原农民集体所有权不变的前提下，将土地承包经营权分离为农户承包权和土地经营权，"三权分置"是在为工商资本进一步大规模下乡铺路，主要理由是现实中，小规模的农业经营主体是不太需要大量资金的，也没有融资需求；但是规模较大的农业企业、家庭农场希望流转的土地能够作为抵押物进行贷款，因此把经营权从承包经营权中单独分离出来，允许抵押担保，更多是利于工商资本。在这种认知下，农业经营主体更多将集体与自身的关系视为引导与被引

---

① 2013年中央一号文件明确提出"依法保障农民集体收益分配权""确保征地农民生活水平有提高、长远生计有保障"。党的十八届三中全会的《中共中央关于全面深化改革若干重大问题的决定》明确指出"建立兼顾国家、集体、个人的土地增值收益分配机制，还必须对合理提高个人收益"。2014年中央一号文件进一步细化要求，明确指出"除补偿农民被征收的集体土地外，还必须对农民的住房、社保、就业培训给予合理保障"。

导、监督与被监督的关系，认为只要足额支付了农民的土地租金后，集体不应再干涉自身的农业经营活动，且让集体分享的经营分红并非规定的义务。

第二，认为"经营权"就是原有的"承包经营权"，继承了其全部法律属性，而"承包权"可以视为"集体成员权"，"三权分置"主要有利于承包农户。这种观点认为，农民相比城市居民来说，缺少完整的社保来实现民生兜底，土地是其维持生计的最后保障，因此不管农民是否流转了土地，都应享有土地的收益分配权，并且认为目前"经营权"在法律上就是原有的"承包经营权"，而"承包权"事实上指的"集体成员权"。此外，只有"经营权"是用益物权。在这种认知下，"稳定承包权"被置于首要位置，也让农户在与工商资本谈判中更有底气，导致农业经营主体转而更加重视和关注"集体所有权"发挥的作用。如宜宾市翠屏区某柑橘专合社在制定分配规则时，将利润的30%、40%分别作为土地入股分红以及现金入股分红，而剩余的30%则作为村集体可支配资金用于集体福利性支出，充分尊重土地转出农民的"集体成员收益"。

第二节 我国农地制度改革的基本准则

农地改革的三个层次是基于不同的历史条件及经济社会发展背景，对农地制度本身主动探索的结果。其中第一个层次是从改革开放初期到1982年中央第一个关于农村工作的一号文件明确指出"包产到户、包干到户都是社会主义集体经济的生产责任制"为止。第二个层次和第三个层次相互交织，并从第二个层次向第三个层次过渡。总体来看，我国农地制度改革在不断演进的过程中一直秉持三条基本准则，这些准则也成为我国农地制度进一步改革的重要经验。

一、始终秉持统筹兼顾农户、国家、集体、经营者利益

农地问题既是保障农民生存权的核心问题，也关系到经营者、集体、国家的利益，因此平衡好四方利益，形成"最大公约数"，才能在"稳"的基础上推进农村各项改革事业。

第一，体现出与时俱进的公平性。改革开放初期，家庭联产承包责任制激发了农民的生产积极性，通过"三提一统"保障集体利益，通过农业税保障国家利益。进入21世纪，城市工商资本开始密集涌入农业，在通过"三权分

置"加快放活土地经营权的同时强化了承包权的用益物权，保障了农民的权益；通过与农地改革协同的农村集体资产股份权能改革强化集体作为农地所有权人所享有的土地权益；通过"18亿亩耕地红线"、严格的土地规划、永久基本农田制度等保障了国家的粮食安全。因此，从不同时期来看，尽管具体的农地政策和实践探索存在差异，但兼顾农民、国家、集体利益的准则在农地制度改革中一以贯之，成为改革取得巨大成就、发挥出农村社会稳定器作用的重要经验。

第二，保障农民在不同时期的发展需要。从党的十一届三中全会提出"在经济上保障农民的物质利益，在政治上尊重农民的民主权利"开始，我国就开始高度重视农民的利益问题，在处理与农地制度改革相关的具体事项时，也坚决秉持"保障农民的经济利益，尊重农民的民主权利"，这点在1978年以后党中央关于农业农村的5次全会、20个中央一号文件，以及12份以中共中央名义发出、规格和地位与中央一号文件相同的专项文件中都清晰地呈现出来。例如，对于过去农村剩余劳动力进城，主要采用"农转非"的制度设计，让其成为"吃公粮的非农人员"，过上具有完善社会保障的城镇人生活。而新时期，在工作选择自由度高、非农行业收益率高的环境下，对于失地农民、主动放弃农村土地承包经营权的农民，普遍做法是通过社保来保障其生存权，并帮助其在城镇中落实发展权。

第三，实现较为平等的农村集体土地权能。依据土地权益相关者的"身份"差异，分别清晰设立土地占有、使用、经营、收益、处分等权能，保障不同利益主体对土地权利"有法可依、有法可循"，最大程度维护自身法定权利。针对土地经营者所拥有的土地只有资源属性、缺乏资产和资本属性的问题，创新出台"两权抵押"机制，扩展了土地财产权的实现形式。

二、采用由易到难、循序渐进的方式推进农地规模经营

农业机械化、现代化是提高农地产出率的必然选择，而农地机械化经营的前提是实现土地的规模化经营。从改革开放40余年的历程来看，与农地规模化经营相关的土地政策的改革进程坚持由易到难、循序渐进。

第一，在家庭联产承包责任制初期，一般根据土地的好坏、远近而采用"混搭"的方式来分配，造成农地零散化严重。为了解决这一难题，在土地承包规定范围内，鼓励农户通过"互换"的方式实现"连片耕种"，但总体来看土地零散化程度依然较高，户均耕地仍高达5.7块。

第二，在"连户连片耕种"进入瓶颈期、单靠农户的互换实现不了规模

化经营时，开始推行"土地股权化、资产股份化"，"确权确股不确地"，由集体统一经营或统一流转给新型经营主体。相比于"互换"来说，这种边界虚化的流转方式从操作上来说更难，但也更利于规模化经营。

第三，在土地转包、出租等流转基础上，发展股份合作、托管等方式，进一步解决了土地租金高企的难题，也避免了农户人为抬高地租的现象，有利于降低新型经营主体的农业生产经营资金压力。

第四，在法律层面明晰"三权分置"、依法保护集体所有权与农户承包权的前提下，平等保护新型经营主体的土地经营权；在"鼓励"和"规范"的前提下，采用农业公司、家庭农场和农民合作社的运作方式，促使经营主体放心地对土地进行长期投资，推动承包户利益维护与经营者通过规模经营提高收益。

过去40余年采用的这一循序渐进的农业经营规模化机制设计，实现了农村社会的极大稳定，也在"摸着石头过河"的过程中重点突破，成为农地制度改革取得巨大成就的坚实基础。

三、跳出"农地"看"农地"，多要素联动协同配套

农地制度改革绝不单纯是土地制度的自身问题，因此党中央和国务院一直将农地改革置于相关涉农改革联动推进的大背景中筹划考虑。从改革开放40余年的历程来看，对于农地制度改革的设计一贯是与四大方面捆绑在一起的，形成了"1+4"的农村大改革框架、大改革设计。

第一，将农地制度改革与农村集体资产确权到户、股份合作制改革结合起来。建立严格的监管审查制度，让农民民主参与到集体清产核资的过程中，将以土地资产为主的农村集体资产确权落到经济组织成员手中，让农民在农地制度改革中有更多的获得感。

第二，将农地制度改革与新型经营主体培育结合起来。对接农地流转后承包者与经营者分离的现实趋势，鼓励培育各类别经营主体，让农民以企业家、职业农民、农业工人、乡村匠人等多种身份融入农业经营体系之中，使其有更多的参与感。

第三，将农地制度改革与供销合作社改革结合起来。对接"三位一体"供销社改革，解决供销社自身社企不分、政企不分的问题，将供销社打造成为助力农民生产生活的新平台，使其成为更有活力的服务体系，让农民有更多的被服务感。

第四，将农地制度改革与农业支持保护体制改革结合起来。在农业支持保

护不断加强、涉农形势不断变化的过程中，始终"灵活+规范"地调整农业支持保护体制机制，"把钱花在刀刃上"，让从事农地经营的农民有更多的受尊重感。

跳出"农地"看"农地"，将农地制度改革与事关农村深化改革的其他重要改革紧密结合，把控"全局"，掌握"整体"，成为顺利推进农地制度改革的重要经验。

第三节　我国农地制度"三权分置"改革的发展方向

结合目前农地改革的具体现状，特别是农地制度改革取得成就的经验，笔者认为未来农地改革的发展将沿着"赋权扩能价值导向"的逻辑，进一步推进"三权分置"改革。可能的方向有三个：

一、在法定范围内最大程度激发经营者的活力和动力

"三权分置"改革的前提是明确所有权、承包权、经营权的内涵和外延，其关键是尽快确定土地经营权的"实体性物权属性"。将土地经营权定性为物权抑或定性为债权，法律效果迥异：如果将土地经营权定性为债权，则土地经营权对原承包农户存在高度依赖性和权利的短期性与不稳定性；如果将土地经营权定性为物权，则流转合同不受有关租赁合同的强制性规定的限制，具有相对独立的地位。因此，从当前大力推动土地经营权抵押来看，必须尽快赋予土地经营权物权地位。

二、最大程度保护农民作为集体成员合法充分享有"承包权"

在"三权分置"改革中，要制定配套制度来实现对农地承包权的"实体性保护"。目前改革中有一种倾向是把重心都放到经营权上，单纯推动土地流转、造大规模经营主体，忽视了农地承包农户的利益保护。从农地承包权得以切实保护的角度来看，应该在四个方面着力强化：一是确定承包权是集体经济组织的成员权；二是限制锁定成员权的生效时限；三是必须要对现行《农村土地承包法》的承包经营权加以扩权；四是在承包权与经营权分置时，承包农户获得的地租是私权，是农民的财产收益。

三、进一步完善农民的"实体性责任"

在农地制度改革中，当前单方面强调了农民享有的"知情、参与、监督、

诉讼"等权利，但是没有对农民在一定范围内须承担的责任或义务做明确的规定。若是能兼顾农民的"实体性权利"和"实体性责任"，基层政府在相关公共服务的提供过程中更能够放手作为。此外，未来农地改革在重视制度"实体性"的同时也应更规范制度的"程序性"。在农村土地征收中，要从目前强调如何保障农民的利益和基层地方政府的均衡，转向兼顾"公布征地信息""纠纷调解"和"征求并商议合理补偿标准"等环节的程序性，使得相关制度可行、可信、有持续的操作性。另外，在农民"收益权"方面，除了赋予农民"公平享有土地增值收益"和"合理提高个人收益的标准"外，还要对合理的个人收益、地方的土地增值收益分配标准的形成程序做必要的规定。

第四节　我国农地制度"三权分置"改革的政策设计

一、"三权分置"改革的政策脉络

同党的十一届三中全会后我国农村改革的路径类似，当前"三权分置"政策出台，也经历了一个从地方政策到中央政策的过程。中央关于"三权分置"的政策主要体现在党的十八届三中全会后的中央农村工作会议报告、中央经济工作会议报告以及其他相关中央文件中；地方制定的关于"三权分置"的政策主要集中于地方出台的有关加快推进农地流转和发展现代农业的相关文件中。

1. 中央政府有关"三权分置"改革的政策

党的十八大以来，中央提出的有关农地"三权分置"的政策，经历了以下几个过程：①2013 年 7 月，国家领导人习近平同志代表中央层面首次提及"经营权""承包权"的概念①。②2013 年 12 月 24 日，中央农村工作会议首次涉及所有权、承包权和经营权相分离的政策思想，也是首次提出"土地经营权"而非"土地承包经营权流转"的政策主张②。③2014 年 1 月 20 日，中共

---

① 2013 年 7 月，习近平总书记在湖北省调研考察时强调，深化农村改革，完善农村基本经营制度，要好好研究土地所有权、承包权、经营权三者间的关系。

② 2013 年 12 月 24 日，中央农村工作会议指出，"农村集体土地应该由作为集体经济组织成员的农民家庭承包，其他任何主体都不能取代农民家庭的土地承包地位，不论承包经营权如何流转，集体土地承包权都属于农民家庭""土地承包经营权主体同经营权主体发生分离，这是我国农业生产关系变化的新趋势""落实集体所有权、稳定农户承包权、放活土地经营权""要加强土地经营权流转管理和服务，推动土地经营权等农村产权流转交易公开、公正、规范运行"。

中央、国务院出台的《关于全面深化农村改革加快推进农业现代化的若干意见》，首次为土地经营权的权能赋予新内涵①。④2014 年 11 月 20 日，中共中央办公厅、国务院办公厅下发的《关于引导农村土地经营权有序流转发展农业适度规模经营的意见》，首次专门发文部署"土地经营权"而非"土地承包经营权"流转②。⑤2014 年 12 月 23 日，中央农村工作会议对推动土地经营权流转，支持新型农业经营主体发展做出了部署③。⑥2015 年 1 月 22 日，国务院办公厅出台的《关于引导农村产权流转交易市场健康发展的意见》首次将土地经营权流转纳入农村产权流转的范畴④。⑦2015 年 2 月 1 日，中共中央、国务院出台《关于加大改革创新力度加快农业现代化建设的若干意见》进一步深化"三权分置"政策安排，对相关法律法规提出了更高的要求⑤。⑧2016年，中共中央办公厅、国务院办公厅出台的《关于完善农村土地所有权承包权经营权分置办法的意见》，将落实"三权分置"、保障农民权利提到了新的高度⑥。⑨2018 年 12 月，修订后的《农村土地承包法》规定，作为承包方的农户既可以经营土地，也可以在保留承包权的前提下流转土地的经营权。至此，农地"三权分置"由政策变为法律法规，成为我国继家庭联产承包责任制之后农村改革的又一重大的制度创新。

---

① 《关于全面深化农村改革加快推进农业现代化的若干意见》提出，"在落实农村土地集体所有权的基础上，稳定农户承包权，放活土地经营权，允许承包土地的经营权向金融机构抵押融资"。

② 《关于引导农村土地经营权有序流转发展农业适度规模经营的意见》提出，"鼓励承包农户依法采取转包、互换、出租、转让及入股等方式流转承包地""鼓励创新土地流转形式""抓紧研究探索集体所有权、农户承包权和土地经营权在土地流转中的相互权利关系与具体实现形式"与"土地承包经营权属于农民家庭"。

③ 2014 年 12 月 23 日，中央农村工作会议强调：要引导、规范土地经营权有序流转，发展各类新型农业经营主体。

④ 《关于引导农村产权流转交易市场健康发展的意见》提出：现阶段通过市场流转交易的农村产权包括承包到户的和农村集体统一经营管理的经营性资产和资源性资产等，以集体林地经营权和农户承包土地经营权为主，不涉及农村集体土地所有权和依法以家庭承包方式承包的集体土地承包权，具有明显的资产使用权租赁市场的特征。

⑤ 《关于加大改革创新力度加快农业现代化建设的若干意见》提出，"抓紧修改农村土地承包方面的法律，明确现有土地承包关系保持稳定并长久不变的具体实现形式，界定农村土地集体所有权、农户承包权和土地经营权之间的权利关系""引导农民以土地经营权入股合作社与龙头企业"。

⑥ 《关于完善农村土地所有权承包权经营权分置办法的意见》提出"将土地承包经营权分为承包权、经营权，实行所有权、承包权和经营权分置并行"，并要求"围绕正确处理农民和土地关系这一改革主线，科学界定'三权'内涵、权力边界及相互关系，不断健全归属清晰、权能完整、流转顺畅和保护严格的农村土地产权制度"。

分析中央关于"三权分置"的三种权利的政策规定，可以发现其具有以下特征：①关于所有权的概念，有"集体所有权""集体土地所有权""土地所有权"和"土地集体所有权"四种表述，这些概念体现了中央制定的政策对农地集体所有制的肯定和延续。②关于承包权的概念，有"承包权""集体土地承包权""农户承包权"和"以家庭承包方式承包的集体土地承包权"四种说法。③关于经营权的概念，有"经营权""承包土地经营权""土地经营权""农户承包土地经营权"和"集体林地经营权"五种表述。通过这些概念性表述，还可以发现中央文件中提到的经营权包括两种：一种是集体林地经营权（仅限以家庭方式承包取得），一种是农户承包土地的经营权。

　　综上可见，党的十八届三中全会以来的中央文件中关于"三权分置"中所有权、承包权和经营权的概念存在诸多具体表述。尤其是承包权、经营权的概念，既有混合在一起的，如（土地）承包经营权；也有分开进行表述的，如（土地）经营权和（农户）承包权。但与承包权、经营权的概念相比，承包权和经营权权能的表述，则显得比较混乱。其中，既有关于承包经营权权能的表述，也有关于（土地）经营权权能的表述，而经营权与承包权的边界该如何科学界定并没有涉及。

　　2. 地方政府有关"三权分置"改革的政策

　　20 世纪 90 年代以来，四川、浙江、重庆、江西、安徽等地通过出台相关制度文件，鼓励集体土地所有权、承包权和经营权适当分离，稳定承包权、搞活经营权，规范土地承包经营权的流转。农村土地承包经营权再次分离有深厚的实践基础与强烈的社会诉求①。

　　（1）中部地区。

　　根据已有文献资料研究，和"三权分置"有关的"经营权""承包权"的首次出现之处是在《中华人民共和国农村土地承包经营法》（2003 年 3 月 1 日起施行）颁布之后安徽省合肥市人民政府办公厅出台的《关于规范农村土地承包和经营权流转的若干意见》（合政办〔2004〕95 号）②，该意见尽管没有提及"承包权"，但明确提出"土地经营权"的概念。直到 2008 年，安徽省合肥市人民政府《关于农村土地承包和经营权流转的意见》（合政〔2008〕93

----

① 王立彬. 国土资源部有关负责人谈土地承包经营权"再分离"［EB/OL］.（2013-12-29）［2021-11-15］. http://news.xinhuanet.com/2013-12/29/c_118753978.htm.

② 该政策明确规定："坚持农村土地承包关系长期稳定。对二轮承包后的人口变动，原则上不予补地。土地经营权流转应由当事人双方进行协商，签订流转合同，并经村集体经济组织见证。任何组织和个人都不得强迫农民进行土地经营权流转。"

号）则明确提出了承包权和经营权的概念①。2012 年，安徽省合肥市城乡统筹办《关于进一步加强农村土地承包经营权流转规范管理的意见》（合统筹办〔2012〕7 号）将经营权和经营使用权区分为不同概念②。

除安徽省之外，河南省焦作市（2009 年 3 月）、洛阳市（2009 年 4 月），江西省赣州市崇义县（2009 年 5 月），湖北省远安县旧县镇（2009 年 7 月）、远安县阳坪镇（2009 年 7 月）等中部地区其他省份也都先后出台关于农地"三权分置"的文件。所不同的是，焦作市、远安县阳坪镇提出用"使用权"代替"经营权"，实行所有权、承包权和使用权"三权"分离。

（2）东部地区。

在东部地区，率先部署农地"三权分置"改革的是浙江省，比如，浙江省宁波市委办公厅、宁波市人民政府办公厅联合制定的《关于做好农村土地承包经营权流转工作提高土地规模经营水平的意见》（雨党办〔2008〕5 号）（2008 年 1 月 30 日）明确规定，"坚持稳定承包权和放活经营权的原则"。浙江省嘉兴市人民政府办公室印发的《关于加快推进农村土地承包经营权流转的意见》（嘉政办发〔2007〕106 号）（2007 年 9 月 24 日）对农地"三权分置"做出了明确论述③。党的十八届三中全会召开后，2014 年宁波市人民政府《关于进一步加快农村土地承包经营权流转促进农业转型升级的意见》（雨政发〔2014〕62 号）（2014 年 7 月 15）进一步深化了"三权分置"政策安排④。

除此之外，浙江省台州市（2009 年 3 月 7 日）、余姚市（2008 年 5 月 7 日）、蔺州市蔺江区（2009 年 9 月 14 日）、山东省青岛市即墨市（2009 年 6 月 28 日）等地均先后出台关于农地产权"三权分置"的政策规定。可见，东部

---

① 《关于农村土地承包和经营权流转的意见》（合政〔2008〕93 号）规定："推进农村土地承包经营权流转，应当坚持在稳定农村土地家庭承包经营制度不变的基础上，鼓励农村集体土地的所有权、承包权、经营权相分离。"

② 《关于进一步加强农村土地承包经营权流转规范管理的意见》（合统筹办〔2012〕7 号）指出："在稳定土地家庭承包经营制度的前提下，实行土地所有权、承包权和经营权相分离，坚持集体所有权、稳定农户承包权、放活经营使用权，逐步扩大农民承包经营的权能范畴。"

③ 《关于加快推进农村土地承包经营权流转的意见》（嘉政办发〔2007〕106 号）提出，"鼓励农村集体土地的所有权、承包权和经营权相分离，稳定承包权、搞活经营权、规范土地承包经营权的流转。""保证土地承包关系和农地家庭承包经营制度的前提下，实行土地所有权、承包权和经营权'三权'分离"，其中特别强调土地承包经营权流转特指的是"农户家庭承包耕地的经营权流转"。

④ 《关于进一步加快农村土地承包经营权流转促进农业转型升级的意见》（雨政发〔2014〕62 号）规定："坚持依法自愿有偿和稳制活权的原则，落实集体所有权、稳定农户承包权和搞活土地经营权，不断创新土地流转形式、健全土地流转机制、规范土地流转管理。"

地区的农地产权"三权分置"实践探索主要集中于浙江省。

（3）西部地区。

西部地区农地产权"三权分置"改革主要集中在重庆和四川，比如，四川省人民政府办公厅出台的《关于进一步规范有序进行农村土地承包经营权流转的意见》（川办发〔2009〕39号）（2009年8月26日）对农地"三权分置"做出了明确论述①。重庆市人民政府办公厅出台的《关于加快农村土地流转促进规模经营发展的意见（试行）》（渝办发〔2007〕250号）（2007年9月12日）则提出"土地使用权"与"承包权"分离②。

由此可见，各个地方出台的有关"三权分置"政策具有以下特征：一是党的十八届三中全会之前"三权分置"改革在全国东中部多数地区已有部署，且最早出现在2004年中部地区的安徽省合肥市；二是除西部地区的重庆、四川外，东部和中部地区的"三权分置"改革政策均由地市级及下级政府出台，省级层面出台的相关文件均未提及；三是各地对"承包权"的概念表述较一致，对"经营权"则有"土地使用权""土地经营权"和"经营使用权"三种不同表述。

二、"三权分置"改革的基本原则

围绕党中央的决策部署，未来农地"三权分置"改革，必须在我国"三农"工作大局中予以通盘考虑，并遵循以下基本原则：

一是以巩固提升农业农村基础地位和保障国家粮食安全为基本目标。习近平总书记在党的十九大报告及很多场合中反复强调粮食安全的重要性。2017年12月，在中央农村工作会议上，习近平总书记进一步强调粮食安全问题并提出具体要求。这些重要论述为深化"三权分置"改革明确了基本目标和路径。

二是要确保土地流转后用途不改变，不损害集体和农民利益。"三权分置"改革中要保证土地流转后用途不改变，严禁借土地流转或者改革之名，占用耕地从事非农建设，防止社会资本进入后损害农民基本利益，防止"非粮化"，

---

① 《关于进一步规范有序进行农村土地承包经营权流转的意见》（川办发〔2009〕39号）指出："坚持'稳制、分权、搞活'的原则。在稳定土地家庭承包经营制的前提下，实行土地所有权、承包权与经营权相分离，坚持集体所有权、稳定农户承包权、放活经营使用权。"

② 《关于加快农村土地流转促进规模经营发展的意见（试行）》（渝办发〔2007〕250号）指出："稳制、分权、放活的原则。农村土地流转和发展规模经营，要稳定家庭承包经营体制，在不改变土地承包关系的前提下，实行土地所有权、承包权和土地使用权分离，创新流转机制，探索有效形式，放活土地使用权。"

必须加紧制定和完善土地规划、用途管制和流转监管等相关配套制度。

三是要有利于统筹推进农业现代化和城乡发展一体化。习近平总书记强调，要深化农村产权制度改革，维护好进城落户农民的土地承包权、集体收益分配权和宅基地使用权，将农民的户口变动和"三权"脱钩，进而调动农业转移人口进城落户的积极性和主动性。

四是要将"三权分置"改革作为实施乡村振兴战略的重要内容。习近平总书记强调农村基本经营制度是乡村振兴战略实施的制度基础，要求在"三权分置"改革中平等地保护农户的经营权，建立符合市场经济规律要求的集体经济运行新机制，让进城务工和生活的农民进得放心，让留在农村的农民留得安心，进而实现乡村和城镇同步发展。

三、"三权分置"改革的工作重点

2016年《关于完善农村土地所有权承包权经营权分置办法的意见》明确提出当前我国农地产权"三权分置"的工作重心在于落实所有权、稳定承包权和流转经营权。

1. 落实集体所有权，明确所有权权能，明晰产权主体

关于集体产权，学术界持有不同的观点，具体实践中也存在一些分歧，有"社区共同共有的产权"① "权利集合体束"② 和"受限的社团产权"③ 等观点。我国在宪法以及相关土地管理法规的规定中虽然对农民及其农民经济组织的法律地位有所明确，但对具体的细节的把控存在漏洞，对农民组织的法人资格、农村成员关系和农村管理层的确定都没有具体的规定。针对以上情况，特别是针对农民集体土地所有权的法律资格问题，2015年11月中共中央办公厅、国务院办公厅出台的《深化农村改革综合性实施方案》④ 和2017年10月1日施行的《中华人民共和国民法总则》⑤，明确了农村集体经济组织的法人地位。

---

① 党国印. 论农村集体产权 [J]. 中国农村观察, 1998 (4)：3-5.

② 黄韬. 和谐产权关系与农村集体产权制度分析 [J]. 经济社会体制比较, 2007 (2)：82-87.

③ 陈天宝. 中国农村集体产权制度创新研究 [D]. 北京：中国农业大学, 2005.

④ 《深化农村改革综合性实施方案》指出"以土地集体所有为基础的农村集体所有制，是社会主义公有制的重要形式，是实现农民共同富裕的制度保障。在土地集体所有基础上建立的农村集体经济组织制度，与村民自治组织制度相交织，构成了中国农村治理的基本框架，为中国特色农业农村现代化提供了基本的制度支撑"。

⑤ 《中华人民共和国民法总则》第五十五条规定，农村集体经济组织成员，依法取得农村土地承包经营权，从事家庭承包经营的，为农村承包经营户；第九十六条规定，机关法人、农村集体经济组织法人、基层群众性自治组织法人、城镇农村的合作经济组织法人为特别法人；第九十九条规定，农村集体经济组织依法取得法人资格。

集体所有权是集体产权的基础与核心构成①，农民集体共同享有农村土地所有权。在农地产权"三权分置"改革过程中，要落实农民集体所有权，虚置的农民集体就必须具体化。农民集体所有制中的农民集体是由既定的、明确的成员组成的，这个集体所有权具有不可让与性和不可分性。在落实土地所有权方面，主要的实现形式是建立在一定的实现机制基础上的，通过对所有权保障的权能来进行改革。

2. 稳定承包权，农地承包关系长期不变，尝试有偿退出

承包权是指农民从集体获取的某时间段内的承包权利，它包括承包期内的占有权、收益权、退出权、继承权②。农地承包权属于农户家庭，"三权分置"制度改革中，一定要确保农户对承包土地的收益权，无论农户是进城居住还是流转土地的经营权，都要最大限度地确保农户作为农地承包者的财产收益权利和承包权利。农户具有农民集体成员的身份，就无偿地拥有承包权，这是农民集体所有权的具体表现形式。

近年来，在具体稳定农户承包权的实践过程中，落实规定和确权颁证两个方面都取得很大进展。在落实规定方面，农户承包权已经得到了全面有效的贯彻落实，在进一步的实践探索中，如农户想放弃承包权的，也尝试对其进行有偿退出。

3. 放活经营权，充分发挥土地经营权的要素功能

在放活经营权的实践方面，主要体现为对政策的落实，如积极探索经营权的流转和抵押。实践中，经营权抵押贷款的探索已在多地实施。截至目前，上海市、四川省成都市和重庆市均出台了相关的试点政策制度，利用各地出现的复合式抵押和担保性抵押等方式，不断完善经营抵押贷款形式，且随着中国人民银行和银保监会相关制度政策的出台，农户农地经营权的各类资金问题和抵押风险都得到了大大改善，而且各大银行也相继推出了不同模式的试点，帮助农民获得经营抵押贷款，缓解农民资金压力，共同携手努力创造一个和谐稳定的发展模式。

此外，放活经营权还可以发展壮大农村集体经济，实践探索出的多种模式，例如给经营权设置入股（形成土地股份合作社等），给农业的专业化、规模化和集约化奠定了坚实基础。

---

① 王兴国，等. 惠农富农强农之策：改革开放以来涉农中央一号文件政策梳理与理论分析 [M]. 北京：人民出版社，2018.

② 高帆. 中国农地"三权分置"的形成逻辑与实施政策 [J]. 经济学家，2018（4）：86-95.

第三章 "三权分置"改革的实践探索

随着我国农地制度"三权分置"改革的深入推进，各地因地制宜地进行了广泛的实践和积极的探索，形成了多种具有代表性的发展模式。本章将聚焦这些实践探索，理清"三权分置"改革中主体联结的逻辑结构、改革的典型模式和面临的土地流转风险。

第一节 "三权分置"改革中各类主体联结的逻辑架构

工商资本下乡主要涉及工商资本、地方政府、村集体和农户四大核心利益主体。其中，工商资本作为投资的关键参与方，具有天然的逐利性。地方政府作为工商资本下乡投资的外部推动者，除经济利益以外，在国家宏观调控和绩效考核的双重压力下，也具有强烈的政治利益诉求。村集体作为地方政策的执行者，是工商资本投资过程中的引导者和协调人，他们的利益诉求通常与地方政府一致。而农户这一主体则比较特殊，他们数量众多，在整个工商资本下乡过程中，往往身兼三重角色：土地流转者、劳动力供给者、农产品生产者。而从诉求上来说，他们看重的是纯收入的最大化。

根据生产要素理论，生产要素的有效融合可以提升生产效率。工商资本在资金、技术、人才、信息等生产要素上具有明显优势，而农户则在土地和劳动力上拥有优势。因而，在两者之间建立合作关系的微观本质是生产要素跨界集约配置的"帕累托改进"。而对于"双方如何实现自身的福利改进？"这一问题，学者们认为，农户主要借助于生产要素的重新配置来实现生产力与生产关系的再协调，如协调劳动力和土地来促进农产品的增收等（邵爽 等①，2018；李云新 等②，2019）；而工商资本则主要是通过生产要素的再配置来获取土地附加值等新的盈利空间（李云新 等③，2015）。

在工商资本下乡过程中，土地流转、劳动雇佣、项目生产等多个环节的交易成本较高，"用地难""用工难"和"融资难"等现实问题较为突出。例如，工商资本与农户在土地流转环节往往会针对地租金额、租赁期限等问题产生分歧，农户数量多且分散的特征在增大双方协商成本的同时也降低了农户在合约谈判中的话语权（李云新 等④，2015）。此外，工商企业作为外来资本会在一定程度上受到乡土社会的排斥（蒋永甫 等⑤，2015；徐宗阳⑥，2016；周振 等⑦，2019）。

针对上述问题，地方政府可以采取为工商资本提供优惠政策等直接方式或优化地区投资环境等间接方式来降低工商企业的投资成本（赵祥云 等⑧，2016）。此外，通过吸引兼具公信力与信息资源优势的村集体加入也能有效破解土地流转的困境。村集体作为众多分散农户的代表与工商企业谈判，在一定程度上降低了工商企业的交易成本，也提高了农户的话语权。同时，村集体通过动用乡土社会资源，可以有效协调日常冲突，帮助工商企业真正嵌入乡村发展。

相关利益主体的资源禀赋差异使其在项目投资过程中话语权不对等。一般来说，拥有资金、技术、人才等先进生产要素的工商资本以及拥有政治资源优势的地方政府掌握着合作模式的话语权。按照工商资本对项目参与程度的差异

---

① 邵爽，李琴，李大胜. 资本下乡：进入模式选择及其影响因素［J］. 华中农业大学学报（社会科学版），2018（5）：59-66，163.

② 李云新，吕明煜. 资本下乡中农户可持续生计模式构建［J］. 华中农业大学学报（社会科学版），2019（2）：63-70，166.

③ 李云新，王晓璐. 资本下乡中利益冲突的类型及发生机理研究［J］. 中州学刊，2015（10）：43-48.

④ 李云新，王晓璐. 资本下乡中利益冲突的类型及发生机理研究［J］. 中州学刊，2015（10）：43-48.

⑤ 蒋永甫，应优优. 外部资本的嵌入性发展：资本下乡的个案分析［J］. 贵州社会科学，2015（2）：143-149.

⑥ 徐宗阳. 资本下乡的社会基础：基于华北地区一个公司型农场的经验研究［J］. 社会学研究，2016，31（5）：63-87，243.

⑦ 周振，涂圣伟，张义博. 工商资本参与乡村振兴的趋势、障碍与对策：基于8省14县的调研［J］. 宏观经济管理，2019（3）：58-65.

⑧ 赵祥云，赵晓峰. 资本下乡真的能促进"三农"发展吗？［J］. 西北农林科技大学学报（社会科学版），2016，16（4）：17-22.

进行区分，工商资本下乡可以主要分为"工商资本主导""工商资本+中介组织+农户"和"工商资本+地方政府+村集体+农户"三种联结逻辑结构。

一、"工商资本主导"模式

1. 运行模式

工商资本主导模式是指工商企业流转土地后，依靠资金、管理能力、人力资本和互联网信息等资源优势在当地设立企业或自建基地进行投资。

2. 利益实现机制

工商资本主导模式主要通过工商企业对使用的各生产要素进行付费实现利益联结（见图3-1）。在该模式中，工商资本处于主导地位，独享项目收益的同时独自承担项目风险；地方政府和村集体的参与度较低，地方政府不干预投资建设及运营环节，主要给予土地和税收优惠政策支持；村集体协助工商资本与农户对接，借助外部资本盘活乡村资源增加集体收入；农户通过土地租赁和劳动雇佣与工商企业对接，获得相应地租和工资。

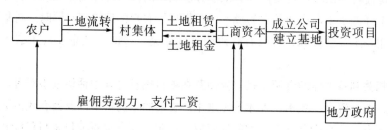

图3-1 工商资本主导模式

3. 典型案例

徐州市贾汪区汴塘镇为低山丘陵区，当地山区面积广阔，人员多外出务工，农地闲置现象较为突出。几年前，本身是汴塘镇人的在外务工人员郭方红回到家乡，以一己之力在汴塘镇辖区的两个乡镇租赁了近2 000亩农地，投资建设以薰衣草为主题的休闲农业庄园（紫海蓝山项目）。

紫海蓝山项目涉及紫海蓝山创意农业开发有限公司、地方政府、村集体和农户四方核心利益主体。项目主要分三期开发建设，计划总投资1.8亿元，截至2019年已投资近1亿元，资金主要来源于工商企业自身积累的资本以及部分银行贷款。在这个项目中，工商资本对整个项目的经营管理享有绝对的话语权。根据其投资规划，工商资本运用现代企业制度，成立了徐州紫海蓝山创意农业开发有限公司，徐州市根据相关政策，给予企业补贴50万元，并批准企业同出租农地的村集体签订了50年的土地流转协议。其中涉及流转土地农民切身利益的租金支付协议是期初一次性支付 100 万元，而后每年支付 20 万元。

二、"工商资本 + 中介组织 + 农户"模式

1. 运行模式

该模式是指工商企业通过与当地新型农业经营主体签订销售契约和保护契约，间接与农户建立合作关系，形成农业产业链。实践中最常见的形式是"工商资本+农民合作社+农户"模式。该模式常见于工商资本下乡投资农业产业化领域，如联想佳沃集团与合作社联合投资猕猴桃产业、中化农业集团联合徐州康田农产品营销专业合作社进行蔬菜生产等。

2. 利益实现机制

"工商资本+中介组织+农户"模式主要通过引入中介组织实现利益联结（见图 3-2）。在该模式中，工商资本通过签订合作协议、入股等方式与中介组织建立合作，实现资本盈利；而地方政府则通过优惠政策吸引工商资本下乡、以资金支持中介组织的农业设施建设，从而促进当地农业现代化发展；村集体利用信息优势协助中介组织和农户顺利建立合作关系，在通过农业产业链发展带动集体经济增长的同时改善了村庄治理；中介组织依托稳定的销售渠道，借助工商资本的支持，不仅扩大了生产规模，同时还使其组织号召力和风险抵御力得到提升；农户通过土地租赁、劳动雇佣、订单农业，抑或要素入股方式与中介组织合作，获得相应的地租、工资、农产品收益和利益分红。

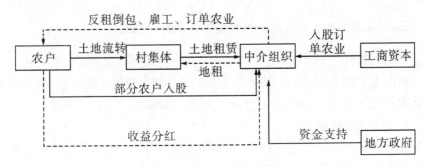

图 3-2 "工商资本 + 中介组织 + 农户"模式

3. 典型案例

南京市溧水区和凤镇拥有丰富的自然资源，当地农户以在无锡、苏州等地种植蔬菜为生，但未形成规模化种植。近几年，返乡创业的路晓华牵头成立华成蔬菜专业合作社——集蔬菜种植、检测、销售及技术培训于一体的合作经济组织。路晓华曾任当地企业的供销科科长，后期在无锡成立农资供应点，年销

售额超过 2 000 万元，积累了一定的资金和丰富的人脉。

华成蔬菜项目涉及的核心利益主体，包括南京露晨农业发展有限公司、南京荟萃农业发展有限公司、华成蔬菜专业合作社、地方政府、村集体和农户。南京荟萃农业发展有限公司主要负责蔬菜加工、销售和生产设施建设；南京露晨农业发展有限公司是当地的农业龙头企业，主要负责为合作社吸纳人才、优化合作社的生产管理，并向合作社提供资金技术支持；华成蔬菜专业合作社一方面为合作农户提供种苗、农资和技术培训，进行统一生产，另一方面以现代化的运行方式同南京荟萃农业发展有限公司合作，签订销售合同，形成订单；村集体则帮助本集体的农民以流转土地和成为企业员工的方式参与到农业生产中来；地方政府给予政策和资金支持。在华成蔬菜项目中，路晓华投入 500 万元资金，而其他组织成员以土地流转价格折现入股成立华成蔬菜专业合作社。农户以 700 元/亩的价格与村集体签订 30 年租赁期限的土地流转合同，共流转土地约 2 008 亩。合作社实行项目承包制①，将土地转包给社员和大学生，承包期限为 4~5 年，承包租金为露天场所 700 元/亩、配套设施区域 1 400/亩，种植收益的 70%归属承包人，30%归属其雇佣农户。南京荟萃农业发展有限公司对合作社生产的蔬菜进行统一加工、统一销售和统一派送，并开发食堂配送、礼品蔬菜、批发市场和电商平台四条销售渠道。南京荟萃农业发展有限公司和合作社各享销售收益的 50%。地方政府对合作社给予免税政策，对连栋大棚和玻璃温室建设补贴 50%。

三、"工商资本 + 地方政府 + 村集体 + 农户"模式

1. 运行模式

该模式主要指工商资本、地方政府、村集体和农户各自投入自身优势资源形成利益共同体，共同参与项目建设、共同分担风险、共同享有利益。

2. 利益实现机制

如图 3-3 所示，在该模式中，工商资本通过资金、技术、人才等要素的投入来获取农地经营权，再借助商业化运作来实现其资本盈利；地方政府则通过提供资金和政策上的优惠，为建设项目提供基础性服务及保障，并力图借助特色乡村的打造来带动地方经济的发展，从而推动乡村振兴建设；村集体作为分散农户的代表，通过土地入股的方式来参与项目建设，以促进集体收入的增

---

① 合作社最初采取统一雇工进行生产的模式，随着经营规模扩大，统一生产模式管理成本高昂、生产产量低下的弊端显现。合作社于 2013 年开始改革，实行项目承包制。

加，同时，村集体还负责协调各农户以配合建设项目的运行；而农户则通过土地入股、劳动雇佣、自主创业等方式来参与项目建设，以达到增收目的。

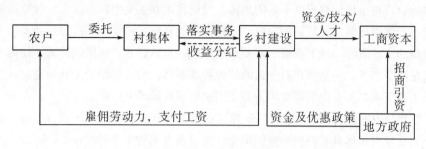

图3-3 "工商资本 + 地方政府 + 村集体 + 农户"模式

3. 典型案例

在全国最美油菜花海——千垛菜花景区的旁边坐落着一个自然资源丰富的村落——泰州兴化市千垛镇东罗村。这里土壤肥沃，雨水充沛，光照充足，有得天独厚的自然资源。东罗村具有苏中苏北农村的典型特征——年轻人外出务工，老人独居留守。2017年，江苏省启动特色田园乡村建设计划，兴化东罗村成为首批试点村之一。近几年万科集团开始转型定位为城市配套服务商，于是在2017年正式开始规划设计东罗村，探索"工商资本+地方政府+村集体+农户"的多方合作模式。

项目涉及的核心利益主体包括万科集团、兴化市政府、东罗村集体和农户。在项目实际运作过程中，万科集团、兴化市政府和东罗村集体三方合资成立兴化市万兴商业管理有限公司，专门负责东罗村的建设与管理。项目投入资金约9 000万元，万科集团是主要的资金供给者，负责东罗村农业生产、旅游民宿、研学育、景观改造和部分公共产品建设项目的投资，并提供管理团队与专业人才；兴化市政府主要承担政策引导、东罗村的基础设施建设以及破旧房屋收储改建工作，具体由兴化市文旅公司实施；东罗村集体则主要为日常具体事务的落实提供保障，同时以其闲置房屋或土地的使用权折价入股。公司对东罗村采取商业化运营方式，主要发展农业经济、文化经济和民宿经济。在利益分配方面，万科集团持股比例达51%，每年将公司整体收益的5%～10%用于村集体向参股村民分红。

四、三种模式的适用条件比较

由对"工商资本主导""工商资本+中介组织+农户""工商资本+地方政府+村集体+农户"这三种工商资本下乡合作模式的比较可知，三种模式均存在一定的适用条件。

"工商资本主导"模式适用于具备资金实力的工商资本在土地资源丰富、当地农户对土地依赖程度不高的地区，投资休闲农业类中以需求大、投资回报快、产业附加值高为特征的领域。工商资本主导模式的投资项目通常涉及较大面积的土地资源，且工商资本需要自担风险、自负盈亏。所以该模式往往需要满足两个条件：一是农户对土地的依赖程度不高，有长期租赁土地的意愿；二是工商资本具备一定的资金实力避免因融资困难陷入发展困境。

"工商资本+中介组织+农户"模式要求工商资本具备稳定的销售渠道，新型农业经营主体具有较强的组织能力，农户具有相对丰富的农业生产经验，适用于三者强强联合，投资于蔬菜种植、家禽养殖、稻米生产等农业现代化领域。"工商资本+中介组织+农户"模式通常引入中介组织建立农业产业链，投资农业产业化领域。由于种植养殖业多属于劳动密集型行业，该模式一般需要满足两个条件：一是工商资本具有稳定的市场销售渠道以保障项目盈利；二是项目地区农户具有丰富的农业生产经验以助力项目的顺利实施。

"工商资本+地方政府+村集体+农户"模式适用于大型工商企业联合财政实力较强的地方政府和组织能力较强的村集体，在具备某种资源优势的村庄进行特色乡村建设，通常是对当地村庄进行整体改建，投资领域不仅涉及传统种养殖业，还涉及乡村公共产品供给等外部性领域。"工商资本+地方政府+村集体+农户"模式通常以利益共同体的形式投资特色乡村打造，涉及较多公共基础设施项目建设。所以该模式通常需要满足如下条件：一是工商资本和地方政府需要具备提供大规模资金和专业人才的实力；二是项目所在地需要具备某种优势资源来为特色乡村规划的实施提供物质基础，实现可持续发展。

第二节 "三权分置"改革的典型模式

除了学术界的研究外，现实中对于"三权分置"的试验与改革也在如火如荼地进行。如进行"土地股份制"改革的广东南海、推行"土地承包权入股"的辽宁海城东三道村[①]等。但在所有类似的改革探索中，又以"塘约模式""东平模式""崇州模式"和"鹊山模式"四种模式最具有典型性和代表性。

---

① 张曙光. 城市化背景下土地产权的实施和保护 [J]. 管理世界，2007 (12)：31-47.

一、"村社一体、合股联营"的"塘约模式"

贵州省安顺市平坝区塘约村推行"三权"（确权、赋权、易权）促"三变"（资源变资产、资金变股金、农民变股东），探索出了一条"村社一体、合股联营"的农村经济发展之路，利益关联方取得巨大收益并产生了良好的社会反响。该模式被命名为"塘约模式"。第一是确权和赋权。他们将该村内的各种产权进行明晰，并确定其归属，再颁发相应的权属证书，从而赋予农户对各类集体资产的占有权、使用权、收益权、处置权等股份权利。第二是易权。建立健全各类涉农产权交易平台，鼓励农户在平台上进行各类产权的交换。该村成功激活了村内资源，并实现了"资源变资产"。第三是在确权、赋权与易权的基础上，成立村级合作社，引导农户以土地经营权入股，成功实现了"资金变股金""农民变股东"。第四是在"家家入股，户户入社"的基础上，由合作社对具有较好经济效益的农作物进行统一经营，以实现最终的规模经营。在收益分配上，合作社、村集体与农户按照 3∶3∶4 的比例进行利润分成[①]。

虽然"塘约模式"在"三权分置"制度实施之前就已成型，但其对资源进行确权、赋权和易权的实践与"三权分置"的目标大致相同。

二、"土地股份合作社"的"东平模式"

山东省东平县为了弥补当地资源禀赋不够、经营土地细碎的不足，积极引导农民成立土地股份合作社，重新完善权利束配置。这一模式简单说来就是通过村集体的力量，采取土地入股的方式将农户手中分散的农地经营权集中起来，再采用合作社的方式适度发展规模农业。通过这种方式，农户不仅能根据土地股权得到固定的保底金，还能从土地的规模经营中获得收益分红，既节约了劳动力，又集约了资源，带来了合作社效益和农户收入的双提高。

"东平模式"是一种由政府引导的农村集体经济发展新模式。这种将土地承包权和经营权分开的尝试，出现在中共中央办公厅、国务院办公厅《关于完善农村土地所有权承包权经营权分置办法的意见》出台之前。它不仅符合"三权分置"的改革思路，还融入了股份制的发展思路。因此，这一模式有利于集体经济的发展，有利于经营权的合理流转，还有利于土地的适度规模经营。

---

① 管洪彦，孔祥智.农地"三权分置"典型模式的改革启示与未来展望 [J].经济体制改革，2018（6）：63-69.

三、"农业共营制"的"崇州模式"

2010年，全国第一个农村集体土地承包经营权股份合作社在四川省崇州市成立。这一合作社对本集体组织成员的土地承包经营权进行确权登记，并发放相应的证书，同时鼓励并引导本集体的农村居民将承包经营权入股合作社，对零散的土地进行整合，实现连片，逐步实现土地的适度规模化经营；同时对出现的问题予以妥善解决，并建立相关的机制，促使这一机制能够长期稳定地运行。崇州市借助于产权细分和农地产权市场交易，成功地在农村土地集体所有、农户家庭拥有承包权的基础与前提下，实现了多元主体的共同参与与经营①。

"崇州模式"的价值在于其具有示范性、可推广性和可持续性。这一模式在经营上可以有三方面的作为：第一，运用土地经营权进行抵押与融资担保，以获取相应的政策性优惠与支持；第二，充分利用农业职业经理人的企业家才能，提升在农业生产经营过程中的标准化、专业化与品牌化水平，从而促进其市场竞争力的提升；第三，通过提高农业的物资装备水平以及科技运用能力，以实现降低生产成本、改善产品质量的目的②。

四、"土地合作经营"的"鹊山模式"

湖南省宁乡市大成桥镇鹊山村根据"三权分置"改革的相关要求，成功探索出了"土地合作经营"的"鹊山模式"，实现了农地的统一整合、开发与经营。"鹊山模式"的核心要点主要体现在四个方面：一是搭建土地合作经营平台，鼓励农户以土地经营权入股土地合作社。二是开展土地的合作经营。土地合作社将经营权流转给具体的生产经营者。三是培养新型农业经营主体，打造职业农民。先是将土地合作社流转的土地划分成若干个生产片区，再采用竞价的方式将其租赁给新型职业农民开展科学化耕种。四是构建农资服务体系、农业机械服务体系、技术技能服务体系、烘干仓储加工服务体系"四大农业服务体系"，以完善配套服务，降低种粮成本，解决职业农民顾虑的问题。

"鹊山模式"不仅有助于实现农地的规模化经营，还有利于提高农业生产的科学化与现代化水平。这种模式不仅让农民的财产性收入得到增加，还能体

① 苟兴朝，杨继瑞．禀赋效应、产权细分、分工深化与农业生产经营模式创新：兼论"农业共营制"的乡村振兴意义 [J]．宁夏社会科学，2019 (2)：84-92.

② 罗必良．农业共营制：新型农业经营体系的探索与启示 [J]．社会科学家，2015 (5)：7-12.

现农民的主体意愿。"鹊山模式"通过制度创新成功实现了农民集体、土地合作社与新型农业经营主体之间各方利益的平衡，是承包地"三权分置"改革的又一成功实践。

第三节　"三权分置"改革中农地流转的必要性及存在的风险

农地流转是"三权分置"改革的重要内容和关键环节，尽管促进农地流转具有显著的历史必然性，但是其发展过程中也存在一系列风险，需要在实践中加以规避。

一、农地流转的必要性

在"三权分置"改革背景下，改革既有的农村土地承包经营权制度，促进农村土地流转经营，形成适度规模化经营，促进农业农村的现代化建设，既是历史必然，也具有现实意义。

第一，长期以来土地对人的束缚亟待打破。"三权分置"改革之前，农村土地的承包权和经营权是一个整体，农民不仅可以自主决策，也可以自主经营。然而，长期以来，农民的这种所谓"自主活动"却受到"地"的束缚，由于土地不可流转，农民的劳作只能围绕土地来进行。因为总是存在部分农民不擅长管理土地，而他们又无法实现"人地分离"，所以土地的效益难以得到最大化的发挥。"三权分置"的提出正好能解决上述问题。通过"三权分置"，一方面农民可以通过对土地经营权进行流转而打破"地"的束缚，以便寻找更多种选择来改善自身生活条件；另一方面，对于不愿管理或不善管理的农民，可将自己取得的土地经营权让渡给集体或那些懂经营的人来管理，以便能最大化地发挥土地的价值。

第二，农村土地资源配置亟待优化。"三权分置"之前，农村土地资源仅仅作为农产品的利用平台，配置不够恰当，严重影响了土地资源发挥应有的价值与功能。"三权分置"下，农地的有序流转使得土地资源的功能变得多样化。农村土地经营权的流转，不仅能提升农业生产技术，提高农业经营管理质量，更能推动多种经营方式并存的农业经济的形成，进而为更多土地得到良好配置而提供条件。此外，农地流转过程中的竞争机制有助于筛选出经验更丰富、能力更强的土地经营者，把土地交由他们经营将有助于提升土地使用效率，从而有利于土地资源的优化配置，并最终实现土地的适度规模化经营。

第三，农村土地碎片化耕作现象亟待改善。"三权分置"之前，土地承包权和经营权的一体化使得农民在经营过程中，时常存在因疏于管理或经营不善而导致土地利用效率大打折扣的现象，严重者甚至造成了土地的碎片化耕种，大量土地被荒废，不仅影响农业产值，更严重影响了土地资源价值及功能的发挥。"三权分置"改革下农村土地经营权的流动使得闲置土地可以流动到善于经营和管理土地的人手中，从而解决农村土地碎片化耕种的问题，使土地资源的价值与功能有机会得到最大限度的发挥，并最终促进农村土地的适度规模化经营。

第四，农村土地经营主体亟待丰富。"三权分置"改革以前，农地经营的主体主要为农民，其自身知识、技能等条件的不足直接制约了农业的生产经营，使农业难以实现规模化发展。"三权分置"制度下，农村土地经营权的流转为多种经营主体进入农业生产领域提供了政策上的支持，为农村经济注入了生机与活力。通过多种经营主体的参与，农村经济发展的融资渠道将得到拓宽，农村经济的先进生产技术将得以引进。总之，工商资本等不同经营主体的加入不仅给农村带来了高素质的人才与先进的技术，还能通过他们的带动反哺农民自身，使农民实现自身知识的扩展与技能的提升。

二、农地流转存在的风险

规范的农地流转对农业的规模化发展、农业生产效益的提高以及农民收入的增加等都具有推动作用。然而当前的农地流转仍旧存在许多问题，主要包括以下四点：

第一，部分干部及农民对土地流转的认识不足。对于农村土地的经营权流转，一方面，部分基层干部并没有真正认识到其重要性与必要性，对相关制度文件与法律法规也是一知半解，缺乏对农地经营权流转的综合谋划能力，总是一味追求土地的规模效益而忽视了农民的素质与能力等问题，农地流转指导工作缺乏规范性，在一定程度上影响了土地流转市场的有序运行；另一方面，很大一部分农民受自身知识水平等条件的限制，更没能意识到农地流转的效益、优势及意义等问题，对有关政策文件与法律法规知之甚少或完全不知，从而难以理解农地的"三权分置"问题。对这部分农民来说，若将土地经营权流转，自己将会失去这一主要的生活保障，因此他们宁愿自己耕种，尽管效率低下，也不愿流转。

第二，农地流转过程中存在操作不规范的现象。在"三权分置"制度的影响下，农村土地流转面积日益增多，流转交易量大幅增加。调研发现，大部分土地流转是由农民自发进行的，由于对相应政策、法律等缺乏了解，在流转过程中存在诸多的不规范现象。主要表现为以下三方面：一是流转程序的不规范。很多地区的农地流转由农民私下自发进行，缺少村委会的参与，一般也不签订流转合同，为纠纷的产生埋下了隐患。二是家庭承包地权属关系界定的不规范。现实中，第二轮土地承包时很多农民的实际经营地面积已经发生变化，然而有些地方尚未对此变化进行确认，使得部分农民的利益受到损害。三是流转合同内容的不规范。部分地区农民在进行土地流转时虽然签订了流转合同，但合同的具体内容却存在诸多不合理的地方，特别是涉及流转价格、期限等的关键内容，从而使得合同双方在未来极易产生违约纠纷。

第三，农地流转缺乏系统、健全的保障机制。长期以来，土地都被农民视为生存与生活的基本保障，要是没有新的更好的生活保障作为替代，他们绝不会愿意将自己的土地经营权流转出去。目前，现有的农村社会保障机制还不够完善，短期内还无法完全解决农地流转后农民的生存问题。很多农民在流转后便进城务工，但又面临经验缺乏、技能不够等困境，在短时间内难以改善其生活质量。由于农业本身就具有受自然因素影响大、抗风险能力弱、农产品生产周期长等特点，再加之土地流转经营大户之间缺乏协同，各自为营，使得农业规模经营的优势难以发挥，与农地流转的预期目标差之甚远，最终极易导致流转费用无法兑现而使农民利益受到损害。而这些问题反过来又会给农户造成顾虑，降低其流转意愿。

第四，农地流转后改变土地用途的现象突出。调研发现，很多工商企业或专业大户在获取土地经营权后，并未继续在土地上进行农业生产，而是改变其用途，进行非农建设。有的将流转土地打造成农家乐；有的在流转土地上建工厂，进行农副产品加工；还有的在流转土地上引水入田，进行水产养殖。以上这些农地流转后进行非农化经营的做法，与农地流转制度的设计初衷严重背离。"三权分置"虽强调要放活土地经营权，但绝不允许私自改变原有土地的用途。现实中，这样的非农化活动本应受到政府部门的严厉监管，但由于在制度、法律等上缺乏支撑，最终未能达到应有的监管效果，久而久之便造成非农化问题突出。

第四章 工商资本参与农地流转的可行性分析

——基于农户非农就业与农地租赁关系视角

随着我国农地制度改革的深入推进和城乡收入差距的不断扩大，越来越多的农村劳动力流向非农产业，农村土地流转市场的供给规模持续扩大，为工商资本下乡开展规模经营奠定了重要基础。本章将从微观、宏观两个视角出发，通过实证分析理清农户非农就业和农地租赁之间的关系，论证工商资本参与农地流转的可行性。

第一节 理论框架的构建

从农地流转和非农就业的现实情况来看，我国农地流转呈现出总体规模不断扩大、流转速度加快的特点；而非农劳动力人数也呈现迅速增加的态势。无论是农地流转还是非农就业均已成为影响国家经济发展和社会稳定的重大问题。

那么非农就业和农地流转之间是否存在某种关系呢？从国外情况来看，19世纪的工业化浪潮，使得美国农村劳动力大量挤进城镇从事非农行业并直接推动了美国农村农场的兼并和土地的流转；而英国工业化前期的"圈地运动"和自发性的农地流转挤出了大量的农村劳动力进入城市受雇于手工工场，属于特殊的"农地流转"推动非农就业类型。美国和英国的历史似乎暗示了农地流转和非农就业总是在特殊的历史背景下存在伴生的关系。

而从我国发展的实际情况来看，作为农村劳动力输出大省，近年来四川全省农村土地流转率达 39.5%①；安徽省承包耕地流转率达到 46%②，总体显现出在农村劳动力主要转出地区农地流转比例较高的特点。

无论是从国外发展经历还是我国实际发展来看，非农就业和农地流转都不是简单的相互促进关系。如果这个假设成立，那么国家贯彻执行的许多推进"农地流转"和"非农就业"的政策措施就会因为相互制约而减小其应该发挥的作用。从这个意义上来看，搞清楚非农就业和农地租赁之间的关系及影响机制，对于相关政策的制定和出台具有积极的意义。

本书研究的"农地租赁"属于"农地流转"的研究范畴。党的十七届三中全会通过的《中共中央关于推进农村改革发展若干重大问题的决定》确定了农地流转的五种主要形式，即"转包、出租、互换、转让、股份合作"。"租赁"指土地承包人在某一段时期内将承包土地租赁给承租人，并获得一定收益，因此农地流转五种主要形式中，"转包"和"出租"在本质上并没有不同，其中的差异在于"转包"是将农地租赁给本集体经济组织内的其他成员，而"出租"指的是将农地租赁给本集体经济组织外的承租人，将"转包"和"出租"统称"农地租赁"的相同处理方式见张云华等（2012）③、姚洋（2000）④ 等的文献。

国内外学者在农地租赁和非农就业两者关系和影响机制的研究方面，以非农就业对农地租赁市场影响的研究较多，并且都专注于非农就业对农地租赁市场的单方面影响。研究一般认为非农就业是通过农户禀赋、外部环境、农地租赁动力等方面来影响农地租赁市场的。首先，非农就业通过对农户禀赋发生作用来影响农地租赁行为。有无剩余劳动力，非农就业对农地租赁行为的影响不一致（陈秧分 等，2010)⑤；由于土地禀赋差异，非农就业对农地租赁行为的影响不一样（罗芳 等，2010⑥；Shuyi Feng，2006⑦）；农户人口结构或个人就

———————

① 四川省委改革办. 四川农村土地流转率达 39.5% [EB/OL]. (2019-08-07) [2021-10-25]. https://www.sohu.com/a/331999998_100148222.

② 国务院新闻办. 安徽承包耕地流转率 46% [EB/OL]. (2019-08-15) [2021-10-25]. http://www.ah.chinanews.com/news/2019/0815/220278.shtml

③ 张云华, 等. 中国农地流转问题研究 [M]. 上海：上海远东出版社, 2012.

④ 姚洋. 中国农地制度：一个分析框架 [J]. 中国社会科学, 2000 (2)：54-65, 206.

⑤ 陈秧分, 刘彦随, 王介勇. 东部沿海地区农户非农就业对农地租赁行为的影响研究 [J]. 自然资源学报, 2010, 25 (3)：368-375.

⑥ 罗芳, 鲍宏礼. 非农就业对农村土地流转市场影响的理论分析 [J]. 广东农业科学, 2010, 37 (7)：337-338, 346.

⑦ FENG S Y. Land rental market and off-farm employment：rural households in Jiangxi province, China [D]. Netherlands：Wageningen University, 2006.

业特点不同，非农就业对农地租赁的影响也有较大差异（林善浪 等，2010①）。其次，农户非农就业的动力差异会促进或抑制农地租赁行为。按照劳动力转移理论，江淑斌和苏群（2012）② 认为推动劳动力非农就业的原因可以归结为农业收入下降带来的"推力"和非农部门工资上升带来的"拉力"两个方面。且结果表明，农业部门收入的下降，不仅能推动劳动力选择非农就业，还能缩小选择农业经营的农户与选择非农就业的农户之间的比较优势差异；而非农部门工资的上升，则是在促进劳动力选择非农就业的同时，扩大上述两类农户之间的比较优势差异，从而促进农地租赁。最后，非农就业中的完全外出情况和兼业情况对农地租赁市场的影响程度不同。贺振华（2006）③ 在成本收益分析框架下，基于土地供给的视角研究了土地流转市场发展缓慢以及地区间发展不平衡的原因，他认为农地租赁是农户在外出和兼业之间选择的结果。

有学者还对非农就业对农地租赁市场的量化影响进行了研究。谭丹和黄贤金（2007）④ 的研究具有代表性，他们在进行农户问卷调查的基础上，构建农户农地流转的决策模型，研究发现非农就业每提高1%，将促进农地流转率提升16.26%。

当然，也有文献认为非农就业不必然导致农地租赁。钱忠好（2008）⑤ 基于家庭内部分工理论，认为尽管存在家庭成员的非农就业，但并不必然发生农地租赁，这主要是由于农地租赁取决于家庭拥有的初始农地禀赋、家庭劳动者数量、农业与非农就业的收益成本比。此外，叶剑平等（2006）基于17个省份农村土地调查（1999—2005年）的研究表明，样本农户非农就业劳动力比例增加了近20个百分点，但农地租赁市场并没有显著变化。Alan De Brauw 等（2002）⑥ 认为，安徽、四川和湖南三省农村的外出务工率很高，这三省的农地租赁比例却在全国20.8%的平均水平以下，这也说明农村劳动力转移不是土

① 林善浪，王健，张锋. 劳动力转移行为对土地流转意愿影响的实证研究［J］. 中国土地科学，2010，24（2）：19-23.

② 江淑斌，苏群. 农村劳动力非农就业与土地流转：基于动力视角的研究［J］. 经济经纬，2012（2）：110-114.

③ 贺振华. 农户兼业及其对农村土地流转的影响：一个分析框架［J］. 上海财经大学学报，2006（2）：72-78.

④ 谭丹，黄贤金. 农村非农就业与农村土地流转的关系研究：以江苏省宝应县农户调研为例［C］// 中国土地学会. 2007年中国土地学会年会论文集. 北京：中国土地学会，2007.

⑤ 钱忠好. 非农就业是否必然导致农地流转：基于家庭内部分工的理论分析及其对中国农户兼业化的解释［J］. 中国农村经济，2008（10）：13-21.

⑥ BRAUW D A, HUANG J K, ROZELLE S, et al. The evolution of China's rural labor markets during the reforms［J］. Journal of compartive economics, 2002, 30（2）：329-353.

地流转的全部原因。

已有的相关研究中，普遍的结论是非农就业的发展能够导致（而非影响）农地租赁。其中，农地租赁这一变量一般被视为外生变量，研究主要从农地租赁市场参与决策的影响因素方面出发，同时探讨非农就业的影响因素，来分析农户非农就业与农地租赁的关系。在这其中以 James Kai-sing Kung（2002）[①]的分析为代表，他认为非农就业市场的发展引导了农地租赁市场的出现和壮大。但是，如果将这一研究结论与实际情况相联系来看又似乎不太合理。假如农户参与非农就业的人数增加，则该农户在农地租赁市场将选择不租入农地，而农地的租出是以农地租入为先导的。那么，总体上是否可以认为非农市场的发展导致农地租赁活动的减少，从而抑制农地租赁市场的发展呢？当然实际情况不是这样，例如在像浙江这类非农经济发达的省份中，村民流转土地的自由度就很高，也有非常活跃的农地租赁市场。这说明，将农地租赁作为非农就业外生变量的假设并不合理。

James Kai-sing Kung（2002）[②] 分析发生偏差的原因可能是他将农地租赁的数量这一连续变量当作了离散变量，另外就是更多地考虑了农户的租赁的需求方面，而忽视了农地租赁的供给因素。因此，本书认为，非农就业和农地租赁均为内生变量，受到非农就业工资、土地租金、家庭资源禀赋等外生变量的联合影响（joint decision），在此基础上建立的理论分析框架和实证检验才具有合理性。

曼彻斯特大学教授 J. M. Currie 1981 年在剑桥大学出版社出版的理论著作《农地租赁的经济理论》（*The Economic Theory of Agricultural Land Tenure*）第一次完整地归纳了不同地区间各种农地使用权或租赁形式的特点，并在新古典经济学的基础上结合 Nakajima（1970）的新古典的农户效用最大化理论模型构建了农地租赁的理论分析框架。

J. M. Currie 认为，在考虑存在剩余劳动力的情况下，如图 4-1 所示，Q_k、Q'_k 和 Q''_k 为等产量曲线，如果农地生产的边际收益大于非农行业工资率，则理性农户会通过租入更多土地以扩大生产，此时 Q_k 变为远离原点的等产量曲线 Q''_k，此时耕种土地总量为 A''_k，租入土地（$A''_k - A_k$）。若非农工资率大于农业的边际收益，则农户会选择将部分劳动力投入非农行业，则等产量曲线变

---

① KUNG J K S. Off-farm labour markets and the emergence of land rental markets in rural China [J]. Journal of comparative economics, 2002, 30 (2): 395-414.

② KUNG J K S. Off-farm labour markets and the emergence of land rental markets in rural China [J]. Journal of comparative economics, 2002, 30 (2): 395-414.

为折线 Q'_k，且 (A_k, L_0) 下方为平行于纵轴的直线，以代表 $(L_k - L_0)$ 为剩余劳动力。相应地，非农收入曲线会由 Y_o 变为 Y'_o，总收入曲线由 Y_t 变为 Y'_t，若非农就业规模小于 $(L_k - L_0)$，则农户会租入土地，等产量曲线将移动到 (A_k, L_0) 的右下方区域；若非农就业规模大于 $(L_k - L_0)$，则农户农业生产的机会成本较高，将会选择进入非农行业，最终等产量曲线将移动到 (A_k, L_0) 的左上方区域，实现农地的租出或粗放经营。

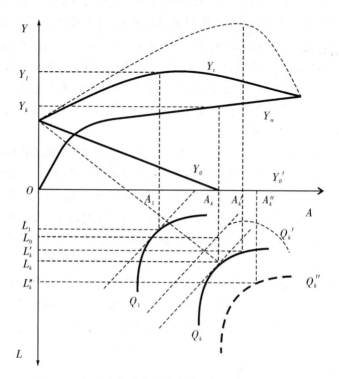

图4-1　有剩余劳动力时非农就业与农地租赁的关系

通过上文分析，我们建立全书的两个假设：假设（4-1）非农就业收入与农地的租赁之间存在显著关系，且非农就业收入越高，越促进了农地的租出；此外，考虑到非农就业收入对农业收入的替代性，非农就业收入增加还将抑制农地的租入行为。假设（4-2）作为第一个假设的延伸，作为理性经济人的农民，在非农就业收入相同或者相近的情况下，必然选择离家更近的地区就业，以降低外出居住、饮食等成本。因此，只有当外地非农就业收入足够高时，农民远离家庭就业的可能性才越大。且非农就业工资收入越高，一般来讲离家距离越远，越有可能增强农户租出农地的动机，或抑制租入农地的动机。

第二节　非农就业与农地租赁关系的微观实证分析

基于上一节的理论分析结果，本节将从微观角度出发，通过实证分析验证在农户层面非农就业与农地租赁的关系。

一、数据来源及描述性统计

本部分使用中国社会科学院 RenErGo 课题组对山东、湖北、广西、甘肃 4省份 10 县 36 村 1 305 个农户进行实地调查的数据和资料。为了兼顾经济发达地区与欠发达地区，较为全面地说明我国农村的一般情况，该课题组选择了东部的山东，中部的湖北和西部的甘肃、广西的 10 县 36 村进行调研，4 个省份在一定程度上也区分了长江以南与长江以北地区间的农地与农户的自然经济特征，具有一定的代表性。10 个县分别为山东省的临邑县、临朐县、青州市、德州市德城区，湖北省的恩施市、建始县，甘肃省的榆中县、泾川县，广西壮族自治区的马山县、合浦县。

按照平均每个县调研 2~6 个行政村，每个村随机抽取大约 40 个农户进行问卷调查的方式，该课题组一共获得了 36 个村的 1 305 份有效调查问卷。

表 4-1　水浇地、旱地出现租赁现象的农户比重

省份	农户数/户	农地租入/%		农地租出/%		既有农地租入也有农地租出/%		无农地租赁/%		比重/%	
		水浇地	旱地	水浇地	旱地	水浇地	旱地	水浇地	旱地	水浇地	旱地
山东	392	13.78	0	2.55	0	0.77	0	77.81	100	100	100
湖北	298	6.38	26.85	3.02	5.37	0	0	90.60	67.79	100	100
甘肃	307	4.23	14.66	7.82	8.14	0	0	87.95	77.20	100	100
广西	308	8.12	12.34	7.14	3.25	1.30	0	83.44	84.42	100	100
平均比重（总数）	(1 305)	8.51	12.49	4.98	3.91	0.54	0	84.44	53.56	100	100

从表 4-1 中看出，除在山东调研的农户并未出现旱地的租赁以外，其他 3个省份都存在水浇地和旱地租赁现象，其中湖北省租入旱地的农户比重高达26.85%。为了在下文中更好地分析农地租赁现象，我们将各农户水浇地和旱地的租赁数量进行加总，加总后农地租赁的地租按照水浇地和旱地地租的加权

平均进行计算。加总后各省农地租赁的情况如表4-2所示。

表4-2　农户农地租赁的数量和比重表

省份	农户数/户	农地租入		农地租出		既有农地租入也有农地租出		无农地租赁		比重/%
		数量/户	比重/%	数量/户	比重/%	数量/户	比重/%	数量/户	比重/%	
山东	392	54	13.78	10	2.55	3	0.77	325	82.91	100
湖北	298	84	28.19	19	6.38	1	0.34	194	65.10	100
甘肃	307	58	18.89	48	15.64	1	0.33	200	65.15	100
广西	308	88	28.57	25	8.12	7	2.27	188	61.04	100
平均比重（总数）	(1 305)	(284)	21.76	(102)	7.82	(12)	0.92	(907)	69.50	100

表4-2中，4个省份农地租赁的表现形式中，农地租入涉及农户的比重较大，其21.76%的比重显著高于农地租出的7.82%。从理论上来看，发生农地租出的农户数应该等于发生农地租入的农户数，出现表4-2中两个比重较大差异的原因可能有：①每个村的农户为随机抽样，且抽样数小于全村农户总数，因此可能在抽样中遗漏了较多有农地租出的农户；②在调研过程中，有租出土地的农户认为自己的农地使用权属于无偿转移给他人，因为所收取的年地租非常少可忽略不计，例如30元/亩，但该土地的租入者则认为该土地并非无偿使用，而是以租金（尽管较少）或实物进行了支付。

在全部1 305个农户中，只有极少数农户同时存在农地既转入又转出的情形，发生的比例很低，共计只有不到1个百分点。土地既租入又租出可能是由于农户的土地集中（通过同时租入租出农地以方便耕种，甚至实现规模化经营），以及租入优质土地并租出劣质土地等。

在全部农户中，出现了农地租赁的农户数为398户，平均年地租为198元/亩，最低为30元/亩，最高为720元/亩。其中东部地区（以山东为代表）的平均值为254.93元/亩，高于中部（以湖北为代表）的170.38元/亩以及西部（以甘肃、广西为代表）的193.07元/亩。

从劳动力市场来看，本书将农村劳动力市场细分为：自给自足、劳动力非农外出就业、雇佣劳动力从事自家农业生产这三种情况。4个省份农户劳动力市场的总体情况如表4-3所示。

表 4-3 农户劳动力市场的总体情况

省份	农户数/户	农业自给自足		劳动力非农就业		雇佣劳动力进行农业生产		比重/%
		数量/户	比重/%	数量/户	比重/%	数量/户	比重/%	
山东	392	211	53.83	156	39.80	25	6.38	100
湖北	298	89	29.87	201	67.45	8	2.68	100
甘肃	307	132	43.00	164	53.42	11	3.58	100
广西	308	119	38.64	181	58.77	8	2.60	100
平均比重（总数）	(1 305)	(551)	42.22	(702)	53.79	(52)	3.98	100

我们将非农就业地点分为五大类，本村、村外乡镇内、乡镇外县内三种形式属于本地非农就业，而县外省内、省外则属于外地非农就业。考虑到农户中可能同时有多人分别在不同的就业地点工作，为了不重复计算，我们将农户中外出时间最长（主要标准），给农户带回更多现金（次要标准）的劳动者的就业地点认定为该农户非农就业的地点。表 4-4 是被调研农户参加非农就业地点的总体情况。

表 4-4 农户非农就业地点的总体情况

省份	农户数/户	本地非农就业						外地非农就业				比重/%
		本村		村外乡镇内		乡镇外县内		县外省内		省外		
		数量/户	比重/%	数量/户	比重/%	数量/户	比重/%	数量/户	比重/%	数量/户	比重/%	
山东	156	21	13.46	28	17.95	40	25.64	50	32.05	17	10.90	100
湖北	201	4	1.99	28	13.93	53	26.37	18	8.96	98	48.76	100
甘肃	164	10	6.10	14	8.54	50	30.49	41	25	49	29.88	100
广西	181	8	4.42	14	7.73	50	27.62	48	26.52	61	33.70	100
平均比重（总数）	(702)	(43)	6.13	(84)	11.97	(193)	27.49	(157)	22.36	(225)	32.05	100

值得注意的是，湖北省县外省内非农就业的农户比重较低，而省外就业的比重很高，主要原因是恩施市和建始县都位于湖北、湖南、重庆的交界处，可能有更多农户选择到重庆、长沙这样的大城市工作，以获得更高的月工资收入。

表4-5统计了农户在不同工作地点非农就业的平均月工资收入,统计信息强化了对表4-4数据的解释。从总体来看,每个工作地类别的月工资收入一般呈现山东高于湖北,湖北高于甘肃、广西的走势,也即东、中、西部的非农工资月收入存在较为显著的差别;从本村、村外乡镇内、乡镇外县内、县外省内和省外五个就业地的非农工资收入来看,都呈现从本村到省外五个层次工资收入逐渐升高的态势;4个省份农户分别在县外省内、省外非农就业的月工资收入差别不明显,可能的原因是从全国范围来看省会城市的非农工资收入较为接近,而省外的工作地点很可能集中于珠三角、长三角和京津唐经济带,对于劳动力输出地的不同省份来说非农工资收入差别较小。

表4-5 农户在工作地非农就业的工资收入　　　　单位:元/月

地名	本村	村外乡镇内	乡镇外县内	县外省内	省外
山东	1 726.47	2 242.86	1 765.38	2 826.83	3 505.88
湖北	1 250.35	2 095.00	1 942.72	2 761.22	3 002.78
甘肃	1 470.24	1 873.75	2 196.76	2 506.56	3 002.04
广西	1 062.50	1 300.00	1 610.20	2 746.88	3 136.67

我们对农户非农就业人数占农户人口的比重进行统计,如表4-6所示。从统计数据可知,从农户人口和农户非农就业人口来看,广西最高,而山东最低,反映了东部农户的家庭规模小于西部农户,而非农就业人数也少于西部农户的现象。但是从非农就业人口占农户人口的比重来看,东部的山东则明显高于其他3个省份,达到45.35%,高于湖北的42.88%和广西的42.09%,更是远高于位于西北部的甘肃的37.71%,说明从非农就业的劳动力市场来看,东部比中西部更为活跃。

表4-6 农户非农就业人口及比重

	山东	湖北	甘肃	广西
平均每户人数/人	3.72	4.34	4.80	5.53
户均非农就业人数/人	1.65	1.85	1.82	2.09
非农就业人数占农户人口比重/%	45.35	42.88	37.71	42.09

注:本表只统计有非农就业劳动力的农户。

二、模型设定

非农就业和农地租赁属于农户共同决策确定，因此不存在因果关系，两者的联系与农户资源禀赋紧密相关，作为农地租赁市场和非农就业的因变量的属性可以为虚拟变量和拖尾变量（censored variable）。根据理论部分涉及的各种变量，梳理出可能发生影响的变量集，并将该变量集与农地租赁市场、非农就业做相关性分析，设定模型如下：

$$R = \alpha_0 + \alpha_1 Z^h + \alpha_2 Z^q + \alpha_3 \bar{L} + \alpha_4 \bar{A} + \alpha_5 w + \alpha_6 r + \alpha_7 Z + \varepsilon \quad (4-1)$$

$$O = \beta_0 + \beta_1 Z^h + \beta_2 Z^q + \beta_3 \bar{L} + \beta_4 \bar{A} + \beta_5 w + \beta_6 r + \beta_7 Z + \mu \quad (4-2)$$

R 代表租赁土地与最终实际使用土地的比重，即 $R=$（租入农地-租出农地）／（农户从集体承包农地+租入农地-租出农地）。从理论上来说，R 的取值范围为（$-\infty$，1），也即当农户将农地全部租出且无农地租入时，$R=-\infty$，本书处理 $-\infty$ 的方式为令其等于所有农地租出农户中，租出了土地但并未全部租出的 R 最小值。

O 代表农户中非农就业人数占农户人口的比重，即 $O=$非农就业人数／农户人口，O 的取值范围为 $[0，1]$，$O=0$ 代表家庭中无劳动者参加非农就业，$O=1$ 代表家庭中所有人口均为非农就业。

Z^h 代表农户特征变量，如家庭人口规模、被抚养人口数量①、年人均纯收入、非农就业人数（是重要的特征变量，但是与被解释变量有内生性，因此不进入方程）等。

Z^q 代表农户固定变量，如农户地域因素，成年人平均年龄、平均受教育程度、男性所占比例等。

$\bar{L}$ 代表农户的劳动时间。

$\bar{A}$ 代表农户拥有的农地禀赋，用人均承包地面积代表。

w 代表非农工资收入。

r 代表发生农地租赁的地租。

Z 代表制度因素，用农地租赁保障表示（是否签订纸质租赁合同）；以及

---

① 本书被抚养者的界定范围为年龄低于18岁或大于65岁的人口，或者残疾人。有参考文献将该年龄段定为小于16岁或大于60岁，但笔者在调研中发现16岁到18岁的未成年人或者在读书，或者逐渐开始务工，但因为无相应的工作经验，主要角色为学徒，无固定的经济来源。而农村60岁的老人还有能力进行农业生产，只是因为年龄大承担的务农工作量逐渐减少，因此本书将分界线定为65岁。

非正式制度，用影响非农就业和农地租赁的农户社会关系代表，即用农户年人均社交花费（送礼、过节等与人际活动相关的花费）代表。

α_0，…，α_7 和 β_0，…，β_7 代表待定系数。

ε，μ 为误差项。

从农地租赁理论来看，非农就业和农地租赁均为内生变量，为农户决策系统的两大主要方面。但从有剩余劳动力时非农就业与农地租赁的响应分析图来看，非农就业及劳动者收入的增长能够促进农地的租出（或者抑制农地的租入），且外地非农就业的影响强于本地非农就业。

为了验证该假设，本章将农地租赁市场中租赁土地净值与最终实际使用土地数量的比重、非农就业人数与农户人口的比重作为被解释变量。对于假设的验证分为三个过程：①采用似不相关模型用最大似然估计将方程（4-1）和方程（4-2）结合在一起进行分析，研究两个方程的扰动项之间的相关性，得到两个方程随机误差项之间的相关系数，通过验证两个方程扰动项是否独立来分析两个被解释变量之间的关系；②将非农就业分为本地非农就业和外地非农就业，分别分析两种情况农地租赁净值与最终实际使用农地的比值这一被解释变量的变化。

三、实证过程及结果

为了研究非农就业和农地租赁之间的相关性，接下来我们采用似不相关模型用最大似然估计将方程（4-1）和方程（4-2）结合在一起进行分析，研究两个方程的扰动项之间的相关性，得到两个方程残差矩阵的相关系数，通过验证两个方程扰动项是否独立来分析两个被解释变量之间的关系①；并进一步将非农就业分为本地非农就业和外地非农就业，分别分析两种情况农地租赁净值与最终实际使用农地的比值这一被解释变量的变化。

---

① 由于两个方程的解释变量相同，残差矩阵的相关系数更多的是体现了被解释变量的特征。用似不相关模型（若方程解释变量相同也称多元回归模型）的残差矩阵相关系数来反映农地租赁和非农就业相关性的处理方法同 Shuyi Feng（2006）的文献（FENG S Y. Land rental market and off-farm employment：rural households in jiangxi province, China ［D］. Netherlands：Wageningen University，2006，30-32.）。

表 4-7 非农就业和农地租赁相关性的回归结果

被解释变量	全体的 1 305 个农户		发生了农地租赁的 398 个农户	
	(1)		(2)	
	农地租赁净值占最终实际使用农地的比值	非农就业人数占农户人口比重	农地租赁净值占最终实际使用农地的比值	非农就业人数占农户人口比重
地区虚拟变量	0.016 0	0.008 26	0.082 8**	0.005 40
	(0.009 71)	(0.005 18)	(0.037 7)	(0.012 3)
农户规模/人	−0.008 48	0.012 3***	−0.046 0	0.020 5**
	(0.008 73)	(0.004 66)	(0.029 9)	(0.009 78)
被抚养人数/人	−0.025 5**	−0.034 6***	−0.095 9***	−0.033 8***
	(0.010 6)	(0.005 67)	(0.033 2)	(0.010 9)
农户中男性占比	0.115*	0.067 4**	0.425**	0.067 6
	(0.060 7)	(0.032 4)	(0.207)	(0.067 6)
成年人平均年龄/岁	0.008 67	0.001 47	0.035 0	−0.007 82
	(0.007 20)	(0.003 84)	(0.024 7)	(0.008 10)
成年人平均年龄的平方	−0.000 154*	−1.07e−05	−0.000 636**	0.000 129
	(8.79e−05)	(4.69e−05)	(0.000 307)	(0.000 100)
平均教育水平/年	−0.011 1**	0.006 31***	−0.034 0**	0.010 4**
	(0.004 48)	(0.002 39)	(0.015 7)	(0.005 15)
人均承包地面积/亩	−0.044 0***	−0.015 4**	−0.213***	−0.019 4
	(0.011 8)	(0.006 31)	(0.051 3)	(0.016 8)
人均承包地面积的平方	0.002 72***	0.000 504	0.018 6***	−0.000 442
	(0.001 02)	(0.000 543)	(0.006 04)	(0.001 98)
农地租赁纸质合同签订(是=1)	0.127***	9.77e−06	−0.014 1	−0.037 3*
	(0.023 8)	(0.012 7)	(0.067 8)	(0.022 2)
年人均社交费用/元	−0.001 54	0.001 23	−0.018 6**	0.002 68
	(0.002 42)	(0.001 29)	(0.008 36)	(0.002 74)
非农工资收入/(元/人/月)	−0.001 12*	0.009 29***	−0.004 34**	0.008 81***
	(0.000 625)	(0.000 333)	(0.002 10)	(0.000 688)
年人均纯收入/元	0.004 56**	5.96e−05	0.017 8***	−0.000 441
	(0.001 93)	(0.001 03)	(0.006 09)	(0.001 99)
常数项	0.033 9	−0.041 0	0.208	0.087 1
	(0.144)	(0.076 7)	(0.487)	(0.159)
观测值	1 305		398	
拟合系数	0.062	0.463	0.143	0.404
残差矩阵相关系数	−0.135 0***		−0.251 1***	
Breusch-Pagan 独立性检验	chi2(1)=23.789,Pr=0.000 0		chi2(1)=22.446,Pr=0.000 0	

注:***、**、*分别表示在1%、5%、10%的水平上显著。

表 4-7 的第（1）列和第（2）列分别以全体 1 305 农户和发生了农地租赁的 398 个农户为回归样本，将方程（4-1）和方程（4-2）结合在一起，采用似不相关模型的最大似然估计，研究两个方程的扰动项之间的相关性。分别得到第（1）列和第（2）列的残差矩阵相关系数为 -0.135 0 和 -0.251 1，均说明方程（4-1）和方程（4-2）扰动项不独立，即非农就业和农地租赁的影响因素方程之间扰动项不独立。理论上可以解释为非农就业和农地租入之间有负向关系（或非农就业和农地租出之间有正向关系），反之亦然。考虑到本书研究的核心问题，我们将重点落在非农就业对农地租出、非农就业对农地租入的影响上。

在表 4-7 中，不管是发生农地租赁的 398 个农户还是全体 1 305 户的计量模型，残差矩阵相关系数都为负，且显著不为 0，拒绝了两方程扰动项独立的假设，说明如果农户选择非农就业，则更倾向于增加农地的租出（或减少农地的租入）。此外，发生了农地租赁的 398 个农户的计量模型的残差矩阵相关系数为 -0.251 1，其绝对值大于全体农户模型的 -0.135 0，也进一步验证了假设，即非农就业将促进农地租出（或抑制农地租入）情形的发生。

我们接下来进一步讨论外地非农就业、本地非农就业对农地租出或农地租入的影响。

在表 4-8 中，第（1）列为本地非农就业与农地租出的似不相关回归结果，第（2）列为外地非农就业与农地租出的似不相关回归结果。第（2）列的残差矩阵相关系数为正，且在 1% 的置信水平下显著，表明外地非农就业与农地租出有正向关系，即外地非农就业促进了农户的农地转出。第（1）列的残差矩阵相关系数为负，但不显著，表明本地非农就业对农地租出的影响不明显。

表 4-8　非农就业与农地租出相关性的回归结果

被解释变量	本地非农就业与农地租出		外地非农就业与农地租出	
	(1)		(2)	
	农地租赁净值占最终实际使用农地的比值	非农就业人数占农户人口比重	农地租赁净值占最终实际使用农地的比值	非农就业人数占农户人口比重
地区虚拟变量	0.778***	-0.017 5	0.988***	-0.300***
	(0.251)	(0.057 0)	(0.230)	(0.046 4)
农户规模/人	-0.107	-0.002 27	-0.326**	-0.045 7
	(0.156)	(0.035 4)	(0.144)	(0.029 0)

表4-8(续)

被解释变量	本地非农就业与农地租出		外地非农就业与农地租出	
	(1)		(2)	
	农地租赁净值占最终实际使用农地的比值	非农就业人数占农户人口比重	农地租赁净值占最终实际使用农地的比值	非农就业人数占农户人口比重
被抚养人数/人	−0.371**	−0.004 56	−0.311*	0.095 0***
	(0.188)	(0.042 7)	(0.168)	(0.033 9)
农户中男性占比	6.430***	0.017 6	4.014***	−0.866***
	(1.634)	(0.371)	(1.288)	(0.260)
成年人平均年龄/岁	0.109	−0.042 9	−0.176	0.211***
	(0.151)	(0.034 3)	(0.274)	(0.055 3)
成年人平均年龄的平方	−0.002 16	0.000 580	0.001 08	−0.002 53***
	(0.001 87)	(0.000 424)	(0.003 67)	(0.000 742)
平均教育水平/年	−0.112	0.004 00	0.004 90	−0.010 8
	(0.071 2)	(0.016 2)	(0.121)	(0.024 3)
人均承包地面积/亩	0.365	0.334**	−0.314	−0.113
	(0.676)	(0.154)	(0.749)	(0.151)
人均承包地面积的平方	−0.227	−0.088 6**	0.123	0.031 5
	(0.169)	(0.038 4)	(0.214)	(0.043 2)
农地租赁纸质合同签订(是=1)	0.323	−0.148**	0.114	−0.065 0
	(0.292)	(0.066 4)	(0.303)	(0.061 1)
年人均社交费用/元	−0.107***	0.002 07	−0.195***	0.065 5***
	(0.040 0)	(0.009 09)	(0.048 9)	(0.009 88)
非农工资收入/(元/人/月)	−0.030 6	−0.004 95	0.016 6	−0.007 54**
	(0.022 3)	(0.005 07)	(0.015 5)	(0.003 13)
年人均纯收入/元	0.055 2**	−0.001 68	0.025 3	0.000 577
	(0.022 3)	(0.005 07)	(0.037 8)	(0.007 62)
常数项	−4.971**	1.198***	2.086	−2.369***
	(2.043)	(0.464)	(4.486)	(0.906)
观测值	44		31	
拟合系数	0.729	0.530	0.847	0.837
残差矩阵相关系数	−0.060 8		0.468 9***	
Breusch-Pagan 独立性检验	chi2(1)=0.104,Pr=0.747 6		chi2(1)=22.446,Pr=0.000 0	

注：***、**、*分别表示在1%、5%、10%的水平上显著。

从解释变量的回归结果来看，引起上述结果的可能原因是本地非农就业的工资收入相对较低，人际关系在本地非农就业中的作用不明显，且被抚养人数制约了农地的租出。

在表4-9中，第（1）列为本地非农就业与农地租入的似不相关回归结果，第（2）列为外地非农就业与农地租入的似不相关回归结果，第（1）列的残差矩阵相关系数为负，第（2）列的残差矩阵相关系数为正，但均不显著，表明非农就业对农地租入的影响不明显。

表4-9　非农就业与农地租入相关性的回归结果

被解释变量	本地非农就业与农地租入		外地非农就业与农地租入	
	（1）		（2）	
	农地租赁净值占最终实际使用农地的比值	非农就业人数占农户人口比重	农地租赁净值占最终实际使用农地的比值	非农就业人数占农户人口比重
地区虚拟变量	0.030 7	−0.002 78	0.015 0	0.010 6
	(0.033 6)	(0.015 9)	(0.019 7)	(0.022 2)
农户规模/人	0.017 3	0.031 2**	−0.017 0	0.037 6***
	(0.033 2)	(0.015 7)	(0.011 9)	(0.013 4)
被抚养人数/人	−0.118***	−0.087 0***	−0.018 8	−0.042 6***
	(0.037 5)	(0.017 7)	(0.014 2)	(0.015 9)
农户中男性占比	−0.166	−0.000 384	0.255***	0.040 4
	(0.202)	(0.095 2)	(0.097 5)	(0.109)
成年人平均年龄/岁	−0.052 6*	−0.053 0***	0.014 2	0.033 4
	(0.027 2)	(0.012 8)	(0.020 5)	(0.023 0)
成年人平均年龄的平方	0.000 639*	0.000 808***	−0.000 243	−0.000 451
	(0.000 358)	(0.000 169)	(0.000 277)	(0.000 311)
平均教育水平/年	−0.016 7	0.002 36	0.016 0**	0.011 9
	(0.019 9)	(0.009 41)	(0.007 53)	(0.008 45)
人均承包地面积/亩	−0.097 3	−0.097 7*	−0.095 8***	−0.010 6
	(0.113)	(0.053 4)	(0.022 7)	(0.025 5)
人均承包地面积的平方	−0.045 3	0.028 0*	0.005 69***	−0.001 37
	(0.034 5)	(0.016 3)	(0.002 20)	(0.002 48)
农地租赁纸质合同签订(是=1)	−0.089 4	−0.025 5	0.034 2	−0.009 02
	(0.064 1)	(0.030 3)	(0.031 9)	(0.035 8)
年人均社交费用/元	−0.020 3**	0.002 78	0.000 601	−0.007 03
	(0.008 05)	(0.003 80)	(0.004 25)	(0.004 77)
非农工资收入/(元/人/月)	0.003 98	−0.000 840	−0.000 287	−0.001 83
	(0.003 67)	(0.001 73)	(0.001 22)	(0.001 36)
年人均纯收入/元	0.013 8***	0.004 42*	−0.001 10	0.009 94***
	(0.004 99)	(0.002 36)	(0.003 43)	(0.003 85)
常数项	1.834***	1.184***	0.048 3	−0.394
	(0.512)	(0.242)	(0.398)	(0.447)

表4-9(续)

被解释变量	本地非农就业与农地租入		外地非农就业与农地租入	
	(1)		(2)	
	农地租赁净值占最终实际使用农地的比值	非农就业人数占农户人口比重	农地租赁净值占最终实际使用农地的比值	非农就业人数占农户人口比重
观测值	78		98	
拟合系数	0.540	0.520	0.383	0.261
残差矩阵相关系数	−0.054 1		0.054 9	
Breusch-Pagan 独立性检验	chi2(1)=0.216,Pr=0.641 9		chi2(1)=0.292,Pr=0.588 8	

注：*** 、** 、* 分别表示在1%、5%、10%的水平上显著。

通过上述实证分析，我们可以对假设（4-2）得出验证结果：从微观层面来看，在考虑家庭资源禀赋的前提下，外地非农就业能够促进农地的转出，但本地非农就业对农地租出无明显促进作用；同时非农就业对农地租入的作用也不明显。

第三节　非农就业与农地租赁关系的宏观实证分析

上文在农户层面讨论了非农就业与农地租赁的关系，并得出了外地非农就业促进农地租出、本地非农就业与农地租出关系不显著的结论；同时，不论外地非农就业还是本地非农就业都与农地租入的关系不显著。但是需要指出的是，上述结论的获得是以农户为研究主体，因此非农就业与农地租赁的影响机制更多是依赖于农户家庭特征和资源禀赋，如农户规模、被抚养人数、年龄结构、成年人平均年龄等。容易看出，这些因素更多是从农户自身情况出发，并未讨论非农就业和农地租赁两者关系发生所处的宏观环境，因此，宏观实证作为对微观部分的补充，进一步讨论了工业化、农村工业化等与农户日常生活并未紧密相关却又实实在在影响了农户生产决策的总体因素在非农就业和农地租赁两者产生影响时所起到的作用。事实上，以宏观的视角来分析农户行为，也更容易理解非农就业和农地租赁均为内生变量的理论前提，在接下来的分析中依然遵循基于"农地租赁理论"而建立的理论框架。

一、指标选取

相关部门的统计并没有对某一区域单位时间内发生农地租赁的数据进行跟踪搜集，因此在本章中无法直接使用"农地租赁面积"等类似的直接统计指标，而只有选择能够反映农地租赁的其他变量。本书用农户户均经营耕地面积来标识农地租赁，主要的理由是：第一，在非农就业类型中包含住户非农就业和举家外出就业两种类型，即使考虑兼业也会出现非农就业的农民转出农地或直接抛荒的情况，这实际上导致了依然从事农业农户户均经营耕地面积的扩大；第二，农业规模经营的必然要求就是农地租赁及其导致的土地集中，通过租赁的方式将实现农地的优化配置，有利于提高农业生产效率和种植大户的农业收入。由于无法获得各省农地租赁（流转）的直接统计数据，并考虑到农地租赁会导致农户户均实际经营土地面积增加，农地租赁面积的变化与农户户均经营耕地面积同向变化，农户户均经营耕地面积＝农户平均人数×农村居民家庭人均经营耕地面积。

此外，在选取非农就业的标识变量时，考虑到"非农就业人数"这一绝对变量更多的是反映非农就业的规模，不能体现出与土地的联系，因此本书选用相对指标——"单位耕地面积转移的非农就业人数"来表示农户非农就业的情况，并通过一段时间内变量的变化情况来反映农地租赁受到非农就业的影响。

本书用单位耕地面积转出的农村劳动力数量来标识非农就业（ndlz），农民的非农就业主要有本地就业（ndlz1）和外地就业（ndlz2）两种类型，考虑到乡镇企业是本地非农就业岗位的主要提供主体，因此本书以乡镇企业的从业人员数来标识农民本地非农就业的数量[①]。而国家统计部门并没有每年统计农村居民外地非农就业的数据，最新公布的一次普查数据来自全国农业普查，因此我们采用其他方式进行反推，也即，农村外出非农就业人员＝乡村就业人员合计－乡镇企业从业人员－农村农林牧渔业从业人员。则单位耕地面积农村劳动力挤出＝（乡镇企业从业人员＋农村外出非农就业人员）/耕地总面积。

学术界对非农就业与农地租赁在宏观层面产生影响所依赖的调节变量（moderator）的研究很多，主要集中在与乡村社会转型密切相关的外部环境与就业特征等方面。本书借鉴游和远和吴次芳（2010）提出的作用于非农就业和农地租赁的几个调节变量[②]，包括工业化变量（地区工业增加值与地区生产总值之比标识）、农村工业化变量（以农村工业增加值占农村工农业增加值比

[①] 以乡镇企业从业人员数量代表本地非农就业人员数量的处理方式参见游和远和吴次芳（2010），申茂向等（2005）的文献。实际上，本地非农就业还应考虑本地农民个体非农就业的人数，但如果这样处理就需要考虑兼业的情况，从数据可得性方面无法实现，因此本书依然采用游和远和吴次芳（2010）的处理办法。

[②] 游和远，吴次芳. 农地流转、禀赋依赖与农村劳动力转移 [J]. 管理世界，2010（3）：65-75. 该文研究的角度是农地租赁发生后农民就业受到调节变量的影响。事实上，考虑到农地租赁和非农就业的内生性问题，农地租赁依赖于调节变量作用于非农就业的同时，自身也受到调节变量的影响，因此调节变量的作用机制并非单向的，这符合本书的理论分析。

重来标识）、农民农地占有禀赋变量（以人均占有耕地面积标识）、农业机械投入变量（以农户户均拥有农业机械固定资产原值标识）、农地社会保障功能变量（以农业人口人均农村社会救济费以及灾害救济费用来标识）。

用工业化率标识工业化变量（gyh），工业化率是指地区工业增加值与地区生产总值的比率；用农村工业增加值与农村工农业生产增加值的比率来标识农村工业化变量（ncgyh），本书用乡镇企业的增加值代表农村工业增加值，用乡镇企业增加值与农林牧渔业增加值的总量代表农村工农业生产总值；以农业人均占有耕地面积标识农民农地占有禀赋变量（rjgd），农业人口人均占有耕地面积等于耕地总面积与农业总人口的比值；以农户家庭拥有农业机械固定资产原值标识农业机械投入变量（jxtr）；以农业人口人均农村社会救济费以及灾害救济费用来标识农地社会保障功能变量（shbz）。

二、数据来源及模型设定

考虑到港澳台地区的农地制度差异，同时西藏和贵州因为部分数据的缺失，均不将其纳入实证范围。变量所需数据来自历年《中国统计年鉴》《中国农村统计年鉴》《中国农业年鉴》《中国人口与就业统计年鉴》《中国乡镇企业及农产品加工业年鉴》《中国国土资源统计年鉴》和各省份统计年鉴。

本章采用的是面板数据，我们将采用豪斯曼检验确定回归时是使用固定效应模型还是随机效应模型。基本模型如下：

$$Y = \alpha + \beta X + \mu \tag{4-3}$$

将研究变量引入回归模型，同时为了分析调节变量在非农就业对农地租赁影响中的作用，此加上 ndlz 分别与 gyh，ncgyh，rjgd，jxtr 和 shbz 的交叉乘积，最终的修正模型为：

$$hjgd_{it} = \alpha + \beta_1\,ndlz_{it} + \beta_2\,gyh_{it} + \beta_3\,ncgyh_{it} + \beta_4\,rjgd_{it} + \beta_5\,jxtr_{it} + \beta_6\,shbz_{it} +$$
$$\beta_7\,ndlz_{it}\,gyh_{it} + \beta_8\,ndlz_{it}\,ncgyh_{it} + \beta_9\,ndlz_{it}\,rjgd_{it} + \beta_{10}\,ndlz_{it}\,jxtr_{it} +$$
$$\beta_{11}\,ndlz_{it}\,shbz_{it} + \mu \tag{4-4}$$

其中，i 为第 i 个省（自治区、直辖市），t 为第 t 年。

为了更好地论证非农就业对农地租赁的作用，我们将非农就业拆分为两部分，即本地非农就业和外地非农就业。则标识非农就业变量的单位耕地面积农村劳动的转出也分为了两部分：单位耕地面积转出至本地非农就业劳动力数量（ndlz1）、单位耕地面积转出至外地非农就业劳动力数量（ndlz2），则 ndlz1 = 乡镇企业从业人员/耕地总面积，ndlz2 = 农村外出非农就业人员/耕地总面积。

由于单位耕地面积转出至本地非农就业劳动力数量与转出至外地非农就业劳动力数量不存在线性相关性，因此我们将 ndlz1 和 ndlz2 一并放入模型进行分析；此外，本书添加了年份的哑变量，以期修正周期性变化。

三、实证过程及结果

非农就业对农地租赁作用的实证结果如表4-10所示。

表4-10　非农就业形成农地租赁的充分性检验

解释变量	（1） 随机效应模型 户均耕地面积	（2） 固定效应模型 户均耕地面积
单位耕地面积转出至本地非农就业 劳动力（ndlz1）	−8.130 ***	−12.46
	（2.880）	（17.38）
单位耕地面积转出至外地非农就业 劳动力（ndlz2）	23.31 ***	7.049
	（5.878）	（45.26）
工业化率	2.335	−7.334
	（4.070）	（11.30）
农村工业产值占农村工农业生产 总值比	1.707	−0.216
	（1.845）	（8.165）
人均耕地面积	3.661 ***	−1.581
	（0.250）	（3.625）
户均农业机械固定资产原值	0.000 923 ***	0.001 25 ***
	（0.000 219）	（0.000 449）
农业人口人均农村社会救济费 以及灾害救济费用	0.003 94	0.008 81 **
	（0.003 26）	（0.003 91）
year08	−1.975 ***	−1.987 **
	（0.654）	（0.786）
year09	−0.345	−0.609
	（0.679）	（0.966）
year10	−0.702	−0.851
	（0.708）	（1.159）
year11	−1.590 **	−1.826
	（0.774）	（1.455）
Constant	−6.411 ***	13.89
	（2.011）	（12.12）
	Random effects u_i ~ Gaussian Wald chi2(11) = 948.19 Prob > chi2 =　0.000 0	$F(11,105) = 2.95$ Prob > F = 0.001 9

注：*** 、** 、* 分别表示在1%、5%和10%的显著水平上显著，括弧内是标准差。

表4-11是对表4-10随机效应模型和固定关系模型所做的随机检验，由最后一行的p值可以认为表4-10中应当选取随机效应模型进行解释。

表 4-11　豪斯曼检验结果

	固定效应	随机效应	差值	标准差
ndlz1	−12.46	−8.13	−4.33	17.14
ndlz2	7.05	23.31	−16.27	44.87
gyh	−7.33	2.33	−9.67	10.54
ncgyh	−0.22	1.71	−1.92	7.95
rjgd	−1.58	3.66	−5.24	3.62
jxtr	−0.0012	0.0009	0.0003	0.0004
shbz	−0.0088	0.004	0.005	0.0022
Year08	−1.99	−1.97	−0.01	0.44
Year09	−0.61	−0.35	−0.26	0.69
Year10	−0.85	−0.70	−0.15	0.92
Year11	−1.83	−1.59	−0.24	1.23

Test：chi2 (9) = 12.60, Prob>chi2 = 0.1814

从表 4-10 的随机效应模型可以看出，总体上来看外地非农就业对户均耕地面积的影响显著为正，而本地非农就业对户均耕地面积的影响显著为负；也即外地非农就业能够有效促进农地租赁行为，而本地非农就业将显著抑制农地租赁行为。从数值上来看，每亩地挤出至外地非农就业的人数平均每增加 0.01 人，则农户户均耕地面积将会增加 0.23 亩；每亩地挤出至本地非农就业的人数每增加 0.01 人，则农户户均耕地面积将会减少 0.08 亩。

上述结论与贺振华（2006）[①]、钱忠好（2008）[②] 等学者的研究结论相似，即外出就业和本地就业的情况对农地租赁的影响程度不同，本地的兼业情况甚至对农地租赁有抑制的作用。

得到了本地非农就业对农地租赁显著抑制的结论，接下来我们将通过对所选取的调节变量的分析来探讨本地非农就业对农地租赁的影响机制。本部分将把工业化变量、农村工业化变量、农民农地占有禀赋变量、农业机械投入变量、农地社会保障功能变量分别与单位面积挤出至本地非农行业劳动力数量的

---

① 贺振华. 农户兼业及其对农村土地流转的影响：一个分析框架 [J]. 上海财经大学学报，2006（2）：72-78.

② 钱忠好. 非农就业是否必然导致农地流转：基于家庭内部分工的理论分析及其对中国农户兼业化的解释 [J]. 中国农村经济，2008（10）：13-21.

乘积带入基本方程，并由此获得本地非农就业抑制农地租赁的机制。加入各调节变量后方程的回归计量结果如表 4-12 所示。

表 4-12　调节变量在本地非农就业对农地租赁影响中的作用

解释变量	模型 1	模型 2	模型 3	模型 4	模型 5
ndlz1	-27.65	75.53***	9.015	-5.997*	0.472
	(17.19)	(21.08)	(6.073)	(3.383)	(4.949)
gyh	-6.118	1.545	0.608	0.120	0.292
	(7.076)	(4.269)	(4.529)	(4.758)	(4.790)
ncgyh	2.775	2.596	2.378	3.853	1.529
	(2.307)	(1.954)	(2.079)	(2.498)	(2.219)
rjgd	3.247***	3.612***	3.484***	2.989***	3.311***
	(0.260)	(0.248)	(0.258)	(0.289)	(0.262)
jxtr	0.000896***	0.000820***	0.000787***	0.00111***	0.000818***
	(0.000232)	(0.000211)	(0.000221)	(0.000280)	(0.000231)
shbz	0.00411	0.00515*	0.00494	0.00278	0.00668*
	(0.00316)	(0.00304)	(0.00310)	(0.00314)	(0.00351)
ndlz1×gyh	45.20				
	(35.76)				
ndlz1×ncgyh		-87.22***			
		(22.29)			
ndlz1×rjgd			-8.926***		
			(3.024)		
ndlz1×jxtr				-0.00580	
				(0.00370)	
ndlz1×shbz					-0.0439*
					(0.0230)
Constant	-0.675	-6.624***	-4.202**	-3.396	-3.576
	(2.974)	(2.125)	(2.108)	(2.197)	(2.227)

注：***、**、*分别表示在 1%、5% 和 10% 的显著水平上显著，括弧内是标准差。

调节变量在本地非农就业对农地租赁影响中的作用是：工业化水平的提高并不能影响非农就业发生后的农地租赁行为；只有海南、云南、甘肃、宁夏、内蒙古、吉林、青海、新疆和黑龙江 9 个省份提高农村工业化水平能显著提高本地非农就业后的农地租赁，而在上海、浙江、福建和北京等 19 个省份，提高农村工业化水平则将抑制本地非农就业后的农地租赁；在全国大多数地区，人均耕地面积的增加都将抑制本地非农就业后的农地租赁行为；农业机械投入增加会促进本地非农就业后的农地租赁；除了上海、浙江、福建、北京、广东、江苏和天津 7 个经济较为发达的省份以外，农村社会保障水平依然是抑制本地非农就业后农地租赁的重要因素。

综上，在本书研究的 29 个省份中，有 19 个省份提高农村工业化水平将抑制本地非农就业后的农地租赁，除上海市以外的 28 个省份人均耕地面积抑制了本地非农就业后的农地租赁，并且有 22 个省份农村社会保障水平依然是抑制本地非农就业后农地租赁的重要因素。因此总体上来看，全国范围内本地非农就业对农地租赁的影响为负。

接下来我们将通过对所选取的调节变量的分析来探讨外地非农就业对农地租赁的影响机制。加入各调节变量后方程的回归计量结果如表 4-13 所示。

表 4-13　调节变量在外地非农就业对农地租赁影响中的作用

解释变量	模型 1	模型 2	模型 3	模型 4	模型 5
ndlz2	25.86	58.68***	34.65***	22.30***	21.86***
	(32.26)	(19.38)	(8.358)	(6.510)	(6.729)
gyh	7.017	1.310	5.297	6.703	5.633
	(8.544)	(4.284)	(3.982)	(4.230)	(3.797)
ncgyh	−1.886	3.147	−1.162	−2.262	−1.654
	(1.675)	(2.594)	(1.445)	(1.525)	(1.361)
rjgd	3.589***	3.856***	3.560***	3.109***	3.641***
	(0.260)	(0.278)	(0.256)	(0.343)	(0.244)
jxtr	0.000 880***	0.000 870***	0.000 921***	0.001 36***	0.000 837***
	(0.000 217)	(0.000 207)	(0.000 208)	(0.000 301)	(0.000 207)
shbz	0.000 580	0.000 410	0.003 38	0.000 769	0.005 22
	(0.003 02)	(0.002 96)	(0.003 07)	(0.002 99)	(0.006 23)
ndlz2×gyh	−17.11				
	(65.41)				
ndlz2×ncgyh		−60.85**			
		(27.44)			
ndlz2×rjgd			−20.40***		
			(7.078)		
ndlz2×jxtr				−0.007 93**	
				(0.003 70)	
ndlz2×shbz					−0.052 8
					(0.054 0)
Constant	−7.287**	−8.233***	−5.605***	−6.163***	−7.171***
	(3.678)	(2.195)	(2.104)	(2.163)	(2.043)

注：***、**、*分别表示在 1%、5% 和 10% 的显著水平上显著，括弧内是标准差。

调节变量在本地非农就业对农地租赁影响中的作用是：工业化水平无法直接影响外地非农就业发生后的农地租赁；甘肃、天津、辽宁、山西、宁夏、云南、海南、吉林、新疆、内蒙古和黑龙江 11 个省份中提高农村工业化水平能显著提高外地非农就业后的农地租赁，而其他 18 个省份提高农村工业化水平则将抑制外地非农就业后的农地租赁；除福建、湖南、广东、江西 4 省以外，人均耕地面积的增加都将促进外地非农就业后的农地租赁行为；除福建、湖南、广东、江西 4 省以外的其他省份，农业机械投入的增加都将促进外地非农就业后的农地租赁行为；农村社会保障水平的提高不能显著影响外地非农就业后的农地租赁。

综上，从本书研究的 29 个省份来看，甘肃、天津、辽宁、山西、宁夏、云南、海南、吉林、新疆、内蒙古和黑龙江 11 省份农村工业化水平能显著提高外地非农就业后的农地租赁，除福建、湖南、广东、江西 4 省以外的 25 个省份人均耕地面积、农业机械投入都促进了外地非农就业后的农地租赁。

第四节　对实证结果的分析及进一步的讨论

本书的核心问题是"非农就业对农地租赁的影响以及影响的机制"。本书通过微观和宏观两个不同层面的实证分析对这个问题进行了回答，并将微观实证结论和宏观结论做以下对比分析：

（1）对于非农就业与农地租赁的基本关系，从总体上来看，微观实证结论显示非农就业与农地租出之间有正向关系，同时非农就业与农地租入之间有负向关系。如果将非农就业分为外地非农就业和本地非农就业，农地租赁分为农地租出和农地租入来看的话，那么只有外地非农就业与农地租出之间存在显著的正相关性。而从宏观结论来看，外地非农就业对农地租赁有显著的促进作用，而本地非农就业对农地租赁有显著的抑制作用。通过宏观和微观的对比，我们发现结论基本一致，外地非农就业与农地租赁的关系显著，而本地非农就业与农地租赁的关系不完全相同（从微观结论看关系不显著，从宏观结论看关系为抑制），但两种实证方法都比较好地揭示了非农就业与农地租赁的相关性，特别探讨了本地非农就业背后"兼业"情况对农地租赁的影响。

（2）从选择的变量来看，微观部分主要是通过农户规模、被抚养人数、男性占比、成年人平均年龄等家庭禀赋的条件约束来揭示非农就业与农地租赁的关系；而宏观部分则是通过工业化、农村工业化、农地禀赋、机械投入和社会保障等变量来探讨非农就业与农地租赁的关系。两者的着眼点不一样，微观实证更多强调的是农户本身的特征和农地资源禀赋，而宏观实证则更加强调外在环境对非农就业和农地租赁关系的促进或制约作用。

（3）不论是微观分析还是宏观分析，对于"非农就业对农地租赁的影响以及影响的机制"的研究都涉及两个问题：第一，对于"非农就业与农地租赁相关性"实际应用的问题，我们发现在两个层次的分析中都提到不应单纯只设计农地流转或非农就业的制度，而应该整体谋划、综合设计对农地流转和非农就业产生影响的其他制度。第二，由于各省份经济社会发展过程中存在许多差异，在讨论非农就业或农地租赁的发展经验时，都不能脱离其实际情况，更不能生拉硬套某些貌似合理的大经验、大智慧。与农民生活和农业生产最紧密相关的非农就业和农地租赁的任何制度安排，都应该实地调研、统筹安排、分别对待。

从理论上来看，当前文献研究非农就业与农地租赁两者关系时，若单从相关关系这一视角出发，无论是分析出影响的单向关系，还是相互关系可能都是不够的。在经济学范畴内，从农民理性经济人假说出发，非农就业收入越高，就越有可能租出农地；此外，非农就业工资收入越高，一般来讲离家距离越远，越是可能激励农户租出农地，或抑制其租入农地。然而，通过本书的理论分析实证研究，非农就业与农地租赁都是内生变量，受到农地禀赋、收入水平、制度因素、传统观念等共同影响，属于农户共同决策确定范畴。因此，两者之间并非独立的。从这个理论出发，宏观上，非农就业所表征的城镇化，以及农地租赁所表征的农业发展之间可能并不存在"城市发展好了就能自然而然辐射带动农村"这样的逻辑，当然这一论断尚属本书引申，还有待进一步验证。

从实践上来看，相关部门在制定决策时，不应选择被动地等待农民之间的土地流转形成土地规模化经营，而应该主动作为，积极引导工商资本下乡，主动培养"职业农民"。为此，我们的建议如下：

第一，将财政支农资金重点用于扶持规模农业。只有给予规模农业以财政补贴，才有利于发挥规模农业的引导作用。第二，谨慎对待农技推广服务体系的改革取向。农技推广服务体系必须符合农业生产的兼业化和专业化两大特点，相对可行的办法是，结合政府和市场两方的力量，将公益性与非公益性农机推广服务相结合。由政府组织公益性农技推广服务，并对其形式、管理制度等进行改革，以满足数量众多的兼业农户与小规模的纯农户等不同群体的不同需求；同时也要依靠市场机制，发展非公益性农技推广服务，以促进规模农业的发展。第三，健全与完善农地承包经营权的流转市场和服务组织。在流转过程中，要利用市场机制的作用，减少行政干预，保障农民的议价权利。第四，加大对转非农户家庭成员的非农就业培训力度，提升其非农就业的竞争力，为农地流转创造良好的外部环境。

第五章 工商资本参与"三权分置"改革的苗头性风险
——基于工商资本投入视角

我国在 20 世纪 80 年代初实行家庭联产承包责任制,实现了农地集体所有权与农地承包经营权的分离,充分调动了农民的生产积极性。与此同时,伴随着大量剩余劳动力离乡离地,农村种养大户、下乡工商资本等通过土地流转实现农业规模经营,又促成农地承包主体和经营主体逐渐分离,超出了"两权分离"的原有框架。因此,在全面推进农地承包经营权确权登记颁证的基础上,党中央、国务院于 2016 年印发《关于完善农村土地所有权承包权经营权分置办法的意见》,中国人民银行于 2016 年会同相关部门联合印发《农村承包土地的经营权抵押贷款试点暂行办法》和《农民住房财产权抵押贷款试点暂行办法》,同时 2017 年的中央一号文件强调,要"落实'三权分置'办法,保障农民集体资产权利"和"撬动金融和工商资本更多投向农业农村",也就具有了破冰意义。

然而,从"三权分置"改革初期的调研情况来看,资本下乡存在一定的"失序"风险。由于"三权"中土地经营权的抵押贷款权,更多是工商资本而不是普通农民经营者的利益诉求,资本下乡更为踊跃,政府引导压力加大。在此背景下,笔者选取了成都市温江区、眉山市彭山区、巴中市巴州区、遂宁市船山区、广元市利州区以及宜宾市屏山县 6 区县的 15 个村庄进行专题调研,发放并收回 97 份农户调查问卷,调研 72 名农业经营者,调研 24 家农业龙头企业,调研 23 人次村集体负责人,调研 14 人次乡镇主要领导。

第一节　工商资本参与"三权分置"改革的利益联结模式

要实现稳定的土地收益，稳定的农业经营是前提。在笔者调研的72名经营者所在的企业中，由农业龙头企业主导的24家企业形成了稳定的收益及分配关系，形成了企业主导—合作社经营—农户、集体获得保底收益或增值收益的三种模式。

一、买断式利益联结模式

此种模式主要存在于龙头企业主导下的农业产业化运作模式，合作社作为经营者流转土地进行生产，农户作为土地的承包人按年获得土地流转收益且作为劳动力的供给方在合作社中参与劳动，取得报酬，集体作为土地所有人参与合作社的分红。

该模式中，龙头企业对农业合作社的农产品进行一次性收购，合作社和企业之间不受任何具有法律效应的合同或其他约束性条件的限制，二者之间仅是一种靠信誉维持的松散而不稳定的利益联结关系，风险较高，也使得农产品价格难以得到保障。以某县峻原农业有限公司为例，企业直接出资把农民合作社的土地进行全部或部分买断，之后该企业再按照自身的发展规划在买断的土地上开发新型农业。整个过程下来，容易发现，双方之间的合作成了一种纯粹的"一锤子买卖"，土地买断后，双方也就断了联系。其中作为承包人的农户在将土地流转给经营者后，每亩地获得了600斤黄谷（每斤1.3元，折合780元），若参与合作社劳作，农民可获得每天80元的工钱；村集体每年从合作社固定获得200元/亩的分红。按调研估算，在计算涉农项目补贴后该合作社年收益为1 200元/亩地。然而，如果龙头企业不再收购农产品，则今后销售仍然存在问题，这正是合作社负责人所担心的。

总体而言，这种模式虽然能给企业带来收益，但给农户、合作社和集体带来的收益却非常少，且不可持续，对当地农业发展的促进作用有限。

二、合同式利益联结模式

这种模式与买断式类似，主要区别在于龙头企业稳定向合作社采购农产品，相关方利益收益稳定。合作社作为经营者流转土地进行生产，农户作为土地的承包人按年获得土地流转收益且作为劳动力在合作社参与劳动，集体作为土地所有人参与合作社的分红。

该模式作为龙头企业与合作社之间的主要联结机制，通过合同约束将双方利益很好地联结起来。一方面，龙头企业通过这种合作，可以对农产品进行保护价收购；另一方面，合作社也可以通过这种合作加强自身与大市场的联系。某市高金食品有限公司以"公司+基地+用户"为发展模式，以合作社为桥梁与当地农户签订合同建立种植基地，公司就地雇佣农民作为劳动力来源，并负责对其进行培训，以确保农产品质量。通过此种方式，农民收入得到增加，公司收益也得到了保障。

在该模式中，农户作为承包人，每亩土地可获得 500 元的土地租金，农户按照企业的要求种植土地，每个月有 420 元的工资收入；村集体每年从合作社固定获得 100 元/亩的"中介费"。按调研估算，在计算涉农项目补贴后该企业年收益为 980 元/亩。

该模式不足之处在于，利益分配明显侧重于企业。而农户、集体都成了明显的弱势方，难以获得土地增值部分的收益分配。

三、合作式利益联结模式

该模式的表现形式多样，合作方式也很多元，包括会员制、分工式、产业链式等。企业和农户通过合作社紧密联系，合作社对农产品的生产、加工和运输等多个环节进行整合，以实现农业的产业化经营。例如，某镇将合作社与龙头企业结合，立足本地资源优势，助力龙头企业更好发挥带头作用，凭借"公司+基地+专业合作社+农户"的发展模式，推动当地禽业、水产业、畜牧业等快速发展，高效规模的农业面积已超过 30 万亩，高科技、高利润、高附加值且无污染的农产品深加工、绿色食品生产等项目也不断落地。

从收益分配来讲，某水稻专业合作社流转土地 3 200 亩，农户获得的收益分别为：①保底分红为 500 斤/亩的黄谷，折合为 630 元；②粮食直补，142 元/亩；③年终收益分红 102 元。集体获得每亩 102 元年终分红。按照笔者调研估算，在计算涉农项目补贴后，合作社每亩地收益为 920 元。

这种合作模式能达到双赢的效果：基于稳固的合作关系和均衡的利益分配，农户利益得到保障，当地农业经济得到进一步发展。

第二节 工商资本参与"三权分置"改革的风险

工商资本参与农地"三权分置"改革，也面临诸多风险，其中最为突出的是强势龙头企业会降低其他主体的改革积极性、法律契约对龙头企业约束力不足、龙头企业与其他利益主体权益非对等性突出、龙头企业与农业合作社之间契约程序不规范、龙头企业产业分布不均衡。

一、强势龙头企业会降低其他主体的改革积极性

龙头企业在市场交易中拥有明显的强势地位，农业合作社、农户和集体在合作谈判中处于被选择、被动接受的弱势地位，影响了农业合作社的参与积极性。龙头企业在经济法律知识、市场信息占有、社会和市场影响力以及经营能力等方面与农业合作社相比都有着显著优势，导致龙头企业"优越感"极强，甚至部分被访谈合作社负责人认为"这些（龙头）企业就是喊我们帮助联系组织农户给他们打工，我们有啥定价权哦，连商量的余地都没有"。调查发现，为了强化与农业合作社的合同履行，龙头企业采取了诸如"重组轮种模式""同村连坐模式""利润锁定模式"等，其优势地位得到进一步巩固。受访谈企业的反馈也证实了这一情况，以订单方式与合作社联结的比重在50%左右，签订了正式合同的比重为27%，采用股份合作形式的比重为8%。

二、法律契约对龙头企业约束力不足

在常见的买断式、合同式、合作式三种联合机制中，法律契约对龙头企业的制约作用较弱，在发生争议纠纷时农业合作社往往只能妥协退让。买断式利益联结模式中，合作社和企业之间不受任何具有法律效应的合同或其他约束性条件的限制，使得农产品价格难以得到保障；在合同式利益联结模式与合作式利益联结模式中，通过签订购销合作合同，龙头企业以保护价收购农产品，合作社也借由这种合作方式将自身和大市场相互联系，进而确保了产业化经营的实现。但是，在现实运行中，由于企业本身违约成本很低，但合作社维权的诉讼成本却很高，很少有合作社能够真正通过法律途径维护自身权益。

三、龙头企业与其他利益主体权益非对等性突出

农业合作社充当"农业包工头"，过度依赖龙头企业，集体"所有权"空置，农户"承包权"收益只局限于流转租金。从农业产业化的流程来看，在龙头企业参与后的"三权分置"中，企业居于核心和关键地位，在与合作社的利益联结中自然而然成了主动方，而较为分散和弱小的农业合作社就自降身份，成了组织、协调广大农户进行生产以满足农业企业农产品原料需求的"农业包工头"。一位村委会主任兼当地土地股份合作社负责人表示："龙头企业可以选择合作社，而合作社几乎没有资格选择龙头企业，这些企业都是

'烧香'请来的，得罪不起。如果因为合作社原因，龙头企业不愿意继续合作了，那合作社会被农民的唾沫淹死。"

四、龙头企业与农业合作社之间契约程序不规范

调研发现，目前龙头企业与合作社的合同，有将近45%属于口头协定，并没有签订正式的书面合同，因此经常会出现合同双方违约的情况；此外，在龙头企业与农业合作社之间的结算方式中，采用现金进行结算的比重仍在40%左右，导致交易双方关系松散，合作基础较为薄弱。另外，农户自身具备投机动机，当没有正式合同约束时，就容易在市场交易价格比合同协定价格高的情况下，直接在市场上出售农产品。类似的对信用重视程度不够的问题也对相关方的利益关系产生不良影响。

五、龙头企业产业分布不均衡

目前龙头企业与合作社的联合仍集中于种植和养殖业，很少涉及第二、第三产业，农户能获得的农产品加工增值效益很低，主要依靠土地流转租金和为合作社打工获得收益。根据笔者的调查，在走访的农业龙头企业之中，平均20家企业才有1家是农产品加工企业，并且大部分加工企业仍停留在生产初级产品的阶段。在调研中，不少合作社负责人表示，目前龙头企业与农村合作的项目主要集中在种植、养殖上，农村仅作为低价原材料供应者参与村企合作，获利不大。

第三节　降低工商资本参与"三权分置"改革风险的路径

为了降低工商资本参与"三权分置"改革的风险，应从经营主体、要素流动、政府服务和企社合作等方面入手，构建更加合理有序的工商资本下乡保障机制。

一、加快培育各类新型农业经营主体

为保证土地流转的低成本以及龙头企业所需土地，鼓励农民将土地流转或者托管给家庭农场和专业大户；推动农业资金项目向精品合作社发展，创新财政支持政策，保证精品合作社在农业保险、基础设施等方面获得一定的政策支持；培训新型职业农民，培育以创新发展为目标的带头企业、以管理规范化为

方向的农村合作社和擅长经营管理的农民队伍。

二、加大要素合理流动机制的探索和创新

联合农业大户成立农民合作社，通过土地承包经营权等多样化形式入股龙头企业，保证为龙头企业提供充分的原材料；激励龙头企业利用资金为合作社、专业大户提供金融担保等服务；促进各经营主体之间的人才、技术与信息的交流，保证施肥技术、病虫防范系统等技术之间的无隔阂运用。鼓励龙头企业采用"保底收益+按股分红"等方式，使集体、合作社与家庭农场、农户共享发展成果。

三、提高政府服务平台的服务水平

进一步推进农业合作社的自身能力建设，降低对龙头企业的单方面依赖程度。建设新型人才平台，促进农业与科技等部门以及农业研究院与企业的共同建设和研发合作，同时鼓励相关专家、技术人员和企业开展"院企共建"；建设新型融资平台，融资平台必须保证制度正常运行并发挥预期功能，进一步推进金融机构统一审核、打包授信，逐步增加各类经营主体的授信额度；搭建信息平台，为各类经营主体创建一个全方位覆盖的综合信息服务平台，这个平台包括政策、技术、产品、金融保险等信息。

四、催化龙头企业与农业合作社的联合机制

破除形式不规范、层次不高、金融风险凸显等制约集体、农户共享土地增值收益的关键机制。第一，从规章制度和机制设置层面加强企业与合作社合作的规范性。地方政府在对出台示范合同时应充分考虑各主体的利益诉求，对合同从起草到失效的全过程加强管理。建立监督与约束机制，提高龙头企业与合作社合作的履约率，增强双方合作的稳定性。明确要求"企业+合作社"建立监事会，不断细化监事会职责特别是其应行使的责任和义务，保障集体、农户合法收益不受侵害。第二，从单纯的种养向第二、第三产业延伸。鼓励龙头企业把某一环节作为建设的重点，并以此为基础将其业务向专业化、一体化与现代化的基地种植产业体系转化。再在之后尝试施行种植业多元结构工程，将农副产品和养殖业进行结合。引导龙头企业以农产品加工为重点，从单纯种养向农业生产之后的领域延伸，根据实际情况有效采用市场新技术，使产品向质量更好、档次更高、附加值更大的方向发展。

第六章 工商资本参与"三权分置"改革的农民利益保障

——基于农民主体地位视角①

  党的十九大以来,历次中央农村工作会议都明确指出要以产权制度和要素市场化配置为重点,鼓励引导工商资本下乡参与农业经营。2018 年发布的《中共中央国务院关于实施乡村振兴战略的意见》也强调,加快制定鼓励引导工商资本参与乡村振兴的指导意见。实际上,对于工商资本在乡村开发与乡村建设中所起的作用,各界一直有较大分歧,其中最为普遍的担忧是工商资本下乡"圈地"后主导乡村开发的方向和速度,与农民"争利",而当地农民"被边缘化",最终导致农民主体作用难以发挥。这种担忧不无道理,但也不能因噎废食,关键还是在于通过制度设计建立可持续、可发展的长效利益联结机制。实际上,农民的主体作用主要想强调的是农民在农村经济、社会、政治、文化发展等方面都有主导权、参与权、表达权、受益权和消费权等多项权利②,因而农民的主体性是实现乡村价值的关键。习近平总书记在中共中央政治局第二十二次集体学习时提出:"要坚持不懈推进农村改革和制度创新,充分发挥亿万农民主体作用和首创精神,不断解放和发展农村社会生产力,激发农村发展活力。"

---

  ① 袁威. 工商资本参与下农民主体作用的困境与破解思路:基于 S 省 20 个乡镇 59 个村庄的调查 [J]. 行政管理改革,2020 (11):78-85.(该文为本研究的阶段性成果)

  ② 王春光. 关于乡村振兴中农民主体性问题的思考 [J]. 社会发展研究,2018,5 (1):31-40.

第一节　发挥农民主体作用的利益保障机制逻辑架构

通过对利益关系的重新定位以及对利益行为范围的限定和限制来建立利益协调的利益机制（李长健 等，2010）[①]，是确立农民主体地位的制度性力量。所谓利益机制，其实就是指不同的利益主体之间相互联系、相互作用的关系及其调节功能（雷玉明，2006）[②]。根据行为学里面的激励理论，激励效应是引导利益主体继续合作的直接诱导动力，从这个意义上来看，与农民主体作用发挥相关联的利益保障机制至少包含四个层次：第一，身份认同。在利益相关主体中，农民是否对自己作为"乡村振兴的主体"有认同感，在认知领域形成正向确认后，农民才能实施作为"乡村振兴主体"的行为决策。第二，利益分配。在形成身份认同后，农民在与下乡工商资本合作的过程中，必然产生经济利益诉求，若这种诉求与工商资本的诉求相匹配，则经济合作维持稳定，否则就有可能动摇利益联结构架。第三，政策调节。在乡村产业行为中，市场经济这只"无形的手"可能失灵，需要政府发挥"有形的手"的作用，均衡区域差异、弥补外部性等，这事实上形成了政府调节对市场机制的补充，也是对农民主体地位的必然政策保障。第四，非经济目标兼顾。传统乡村治理尽管建立在小土地生产的经济基础上，但治理内容、治理主体和治理范围以及利益性质都有很大的不同，以血缘、礼俗、社会等级为纽带的传统乡土社会[③]实现利益关系可持续必须兼顾除经济目标以外的文化、组织等目标。

一、身份认同

黄少华（2011）用"社会定位"来表示社会对个体在社会关系网中的地位和身份标识。一个人所具备的社会定位，标志着此人在社会关系中所处的位置，此人也因此受到一定的行为规范的约束。能否准确适应和认同不同时间段的"身份"，决定了能否以这一"身份"在利益联结结构中实施行为决策[④]。

[①] 李长健，罗洁. 农地流转中维护农民利益的第三方力量 [J]. 东南学术，2010（1）：22-27.

[②] 雷玉明. 农村中介组织与农业产业化 [J]. 湖北经济学院学报（人文社会科学版），2006（8）：55-56.

[③] 黄涛，吴军. 乡村治理的利益考察：理论溯源与路径选择 [J]. 马克思主义与现实，2019（5）：184-191.

[④] 黄少华. 网络空间中的族群认同：一个分析架构 [J]. 淮阴师范学院学报（哲学社会科学版），2011，33（2）：245-252，280.

党中央提出实施乡村振兴战略以来，强调农民是"让农业成为有奔头的行业"的落实主体和发展主体，"让农民成为有吸引力的职业"，把农民的"身份"从农业区域的生活主体扩展到国家发展的职业主体。可以说，农民作为乡村产业市场化发展的主体，而产业发展不仅能满足农民的自身需求，也使农民在参与市场竞争和交易的过程中成了农业农村现代化的必要环节。实际上，农民对自身"乡村振兴主体"的身份认同，是农民留乡留土的关键，但目前的症结在于同等收入下农民倾向城镇而非农村，对工商资本潜意识产生"圈地""圈钱"的错误认识，对工商资本下乡后的利益联结机制抱着不信任、不接受的态度，对乡村振兴的政策不愿了解甚至排斥学习，以及感觉乡村生活产生"低人一等"等，在乡村振兴过程中自愿放弃其主体地位，从而在决策中"被边缘化"。

二、利益分配

工商资本参与乡村振兴，投身农村产业发展，如果只是纯粹从事种植养殖等"小农业"单一环节很难获利，因此往往以三次产业融合发展为契机，将利润来源聚焦于第二、三产业，这就让利益主体更加多元，利益结构更为复杂。事实上工商资本参与乡村建设后，资本、技术、人才等要素在现代化产业推进过程中实现了优化，产业的存量和增量利益因生产现代化而呈现出质量和效率的提升，产业的蛋糕得以做大。在这种背景下，如何按出具的生产要素份额进行分配，就成了决定合作是否长效、系统是否稳定的利益机制中最重要的一环。合理的利益分配机制，主要以效率为导向，由市场主体决定，由市场竞争形成，保证收益按照要素出具结构合理归属，实现可持续的制度性安排，保障农民的主体地位。李长健等（2009）①也指出，在乡村建设推进过程中，不断优化的"三农"制度巩固了土地存量利益的同时，也带来了长效发展的增量利益，因而利益分配的核心就变成了如何在已有的存量利益的分配方式基础上，处理好因要素优化而形成的资本增量、技术增量和制度增量的分配，促成利益主体继续合作的激励效应，形成农民主体作用充分发挥、工商资本参与热情不削弱的良好局面。

三、政策调节

工商资本参与乡村振兴后，生产要素交换速率加快，市场机制将资本、技

---

① 李长健，梁菊，杨婵. 农村土地流转中农民利益保障机制研究 [J]. 贵州社会科学，2009 (7)：38-42.

术、人力资源等要素吸引到乡村建设中来，农业生产与其他产业融合进一步提档升级，就有可能出现纯粹强调效率、不关心公平的"市场失灵"，容易忽视农民在乡村建设中的主体作用，也难以对纷繁复杂的利益关系进行自动修补和矫正，因此政府参与调节收益分配关系的制度性安排就显得尤为重要了。可以说，政府通过政策为市场补位，但不影响市场在利益分配关系中的核心地位，政策调节主要有三种情形：一是市场失灵，需要政府弥补负外部性，促进市场效率提升并促进农村社会公平稳定；二是政府为保障乡村振兴推进过程中特定方的利益，尤其是在远郊农村或偏远山区，农户组织化程度较低，分散传统的小农户相比工商企业来说话语权更小，为保障农民合理利益、激活农民的主人翁意识，政府有必要通过制定相应的政策进行调节，有效引导利益分配；三是维护"空间正义"，也即不仅要考虑乡村生产力的实际匹配状况，更要考虑乡村利益的持续性保障，不仅实现发展快速的乡村区域的全面振兴，也要兼顾对欠发展的乡村地区政策倾斜并引致要素流入，维护欠发展区域农民的乡村振兴主体地位，兼顾利益普惠和风险防范，实现空间正义的市场化制度。

四、非经济目标兼顾

当前工商资本参与乡村振兴所涉及的利益内容不局限于经济利益，兼有文化习俗、社会关系、公共政治等因素①，因此并非一个"纯经济理性"的利益结构，必须综合考虑影响利益机制长效运行的非经济目标。从中国乡村社会长期以来经济社会发展的运行内核来看，小土地生产是最主要的支撑和承载，农民生活方式、受教育程度和利益诉求呈现松散化、原子化的特征，且融合着非常强烈的血缘、礼俗、社会关系等传统礼教秩序，显现出以家庭本位为特征的差序格局。尽管伴随着乡村社会的发展与开放，农村社会乡土性得以降低、家庭本位特征开始弱化，但研判乡村利益关系、重塑农民乡村振兴主体地位则必须重视并分析乡村利益机制中的非经济目标因素，比较典型的主要有两个领域：第一，资本下乡带来的新产业文化必须与传统原生文化协调，农民获得经济利益的同时感到民俗规范被尊重，从而实现心理自信并拥有归属感；第二，公共政治领域，了解相关政策、匹配治理能力、获取相应治理报酬等让农民成为基层治理的"主人翁"而非"观望者"，获得经济收益的同时获得话语权。

概括而言，构建发挥农民主体作用的乡村利益机制逻辑架构，必须形成一

---

① 黄涛，吴军. 乡村治理的利益考察：理论溯源与路径选择［J］. 马克思主义与现实，2019（5）：184-191.

个稳定、合作、可持续的利益联结机制，需要身份认同机制、利益分配机制、政策调节机制和非经济目标兼顾机制共同作用、协调匹配。其中身份认同机制是基础，是实现农民在乡村利益关系中主体地位的起点和基础；利益分配机制是整个利益关系的关键和重心，形成了利益相关主体长期合作的激励效应；政策调节机制是避免市场失灵和维护空间正义的有效补充，保障利益机制的社会公平和稳定；非经济目标兼顾机制适应我国乡村发展实际，体现了对传统乡村社会文化、对乡村治理特征的尊重。发挥农民主体作用的乡村利益机制逻辑架构如图6-1所示。

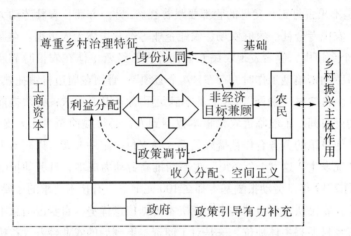

图6-1　发挥农民主体作用的乡村利益机制逻辑架构

第二节　利益保障机制中农民主体作用发挥的现实困境

根据上文中构建的发挥农民主体作用的乡村利益机制逻辑架构，笔者对四川省成都、达州、广安、广元、绵阳、自贡、乐山、凉山、眉山、内江的20个乡镇59个村庄进行了微观调查，对关系农民主体作用的乡村利益机制的四大子机制进行了微观验证，结果表明已有的乡村利益机制中农民的主体作用发挥尚不明显，成了制约乡村振兴发展的风险点，值得高度重视。

一、自身能力欠缺，工商资本"被金钱化"

第一，农民不认为自身在乡村振兴中具有主体作用，简单认为自身在工商资本下乡后的主要角色就是"通过简单体力劳动获得收益"，因此更倾向离土离乡、在非农行业中获取收益。一方面，仍在从事农业生产的传统小农越来越少。在调研的川东北 14 个乡镇中，超过 90% 的青壮年常年外出打工，留在农村的普遍是 3~15 岁的儿童和 60 岁以上的老人，大量的农村土地因劳动力短缺而闲置甚至荒废，某镇户籍农民有 3 万余人，而留在当地的常住人口仅有不到 2 000 人；即便是在经济发展水平较高的成都某中心城区，调研组抽样调查了 4 个行政村，发现 20~40 岁人群中常年在外务工的占 60%，阶段性在外务工的占 35%，长年在家的占 5%，留在农村从事农业生产的仍然是 50 岁以上的中老年人。当地村民苦笑着说："种地挣的钱根本养不活一家人，年轻人满了 18 岁要是不出去打工，父母的脸都要跟着红。"另一方面，青壮劳动力资源不断外流，农民专合社、家庭农场、农业企业等经营主体无人可用。在调研的川东北 14 个乡镇中，笔者发现农民专合社等农业经营主体在农忙时节雇请周边农民从事劳动密集型工作时，存在"4 个必须"：必须在周边村镇托熟人介绍，在方圆 5 个自然村"撒网"，才能基本满足采摘等用工需求；必须提前 1 个月跟农民约好时间，不然临近农忙根本找不到人；必须提前至少 3 天支付酬劳；必须跟其他乡镇的劳务合作社搞好关系，并支付一定中介费，以防备本地无人可用的情况发生。这"4 个必须"也不断推高劳动力成本，日劳动报酬在 50~60 元，而 2019 年日劳动报酬基本都在 100 元上下，有技术要求的还要更高。

第二，农民认为利益结构中工商资本占据信息优势，自身因信息不对称不可能拥有乡村振兴主体地位。一是对工商资本下乡后的农业经营收益机制采取不信任态度。资阳市乐至县全胜乡从 2010 年开始借助退耕还林政策补贴契机，在全乡 10 个村布局核桃产业，已有 8 300 亩的规模。但是，当地农民认为核桃收益太低，以每亩 300 斤产量来看仅有 2 000 元左右的收益，遂纷纷采取粗放经营态度。当地乡政府引进业主进行管护，承诺按照"业主、农户收益三、七分"的方式进行分成，保证农户年收益比粗放经营更高，但当地农民传言这种管护未来难以保障农户对核桃树的所有权，纷纷拒绝，导致最后业主未落地。二是农民认为所谓的"主体地位"是表面的，即使是村庄基层治理也主要是配合工商资本搞好乡村产业开发。笔者调研了近 110 名村干部，就他们"是否认同自身是乡村振兴主体"进行访问，许多村干部角色定位不准确，对乡村振兴制度设计和政策框架理解不到位，超过 90% 的村干部对于什么是乡村振兴、为什么实施乡村振兴、如何实施乡村振兴等问题没有明确的认识或认识模糊，普通村民更是一问三不知。超过 4 成的村干部和村民对乡村振兴政策错误理解为"为乡村企业家和致富带头人提供一个产业发展的机遇"，村集体主要在"经营者与农民中间起到一个沟通协调的作用"。甚至有年长的村支书给笔者反映"现在的好政策多是多，但看懂的都进城打工去了，现在好多村干部是矮子里边选人才，主要是听懂乡镇的布置，把配合企业的简单事情做好"。

第三，农民认为自身组织能力达不到要求，难以担当"主体地位"。一方面，撤村并村后，村庄治理迎来了很多新的挑战。笔者调研发现，"撤村并村"后，新产生的行政村不仅人口、面积急剧扩张，且变得更为分散，村庄由"熟人"社会向"半熟人"社会转变现象明显，村庄治理面临更多困境：有的村民甚至都不认识自己的村书记和村主任；在资源配置上认为村支部、村委会优先引导工商资本"照顾"自己所在的自然村的"阴谋论"频现，农民对自身在乡村发展中的角色更倾向于"被引导""评论者"。另一方面，自主资金不足，农民认为自己难以当好集体的"家"。农村集体发展与城市社区一样亟须大量民生保障领域的自主资金的支持，但是农村集体的资金缺口明显更大。调研发现，农村集体的相关价调资金、伏季水产业配套资金等专项资金都有明确的发放标准，发放标准被村干部形象地称为"撒花椒面"形式，分发到户，解决不了具体发展问题。成都市下辖区（市、县）村自治组织自主使用的资金只有社区发展治理保障资金（原公服资金），青白江区统一标准为按每村 25 万元的固定费用外加每人 40 元的可变费用划拨。以福洪镇三元村为例，全村人口 1 900 人，社区发展治理保障资金共计 326 000 元，基本用于保洁人员工资 1 200 元/月，12 人共 172 800 元/年，公安系统"雪亮工程"村上布置 9 个摄像探头维护近 9 万元/年，其余还要开支基础设施维护与维修、困难群众慰问、困难户突发救济、开展文体公益活动等，入不敷出，当地村干部纷纷表示"巧妇难为无米之炊"，这些人"没有几把刷子是当不了主体的"。

二、利益诉求不匹配，工商资本和农民"各取一端"

第一，工商资本追求长效性收益的动机与农民保障短期现实收益的诉求矛盾，导致利益分配中农民相对剥夺感强烈，难以感受到主体地位。一方面，农民认为"有利人、无利出"才能保证自己在收益分配中赢得主动地位，在工商资本面前表现出"挣现钱"心态。成都市某村华玥果蔬合作社成立之初，需要将农户农业用地进行整体流转经营，但村民担心合作社不能给自己带来比种地更高的收入，便不愿加入。成立之初该村 13 组 40 户村民加入合作社，2013—2016 年 4 年没有分红，农户纷纷打退堂鼓退出合作社，仅剩 17 户继续参与。2017 年合作社通过争取资金各方面运转见成效，又有 5 户重新加入合作社，从 2018 年人均分红 1 200 元后，农户又增长为 41 户。合作社负责人座谈时提出，"土地的精耕细作是不可能的，可能土地一养肥农民就要回去了，怎么解决好工商资本长期发展与农民'挣现钱'心态之间的利益分配矛盾是乡村振兴不得不面对的工作"。另一方面，农民在与工商资本形成的利益结构中，往往矫枉过正，以"过激"方式强调自身"主体地位"。西昌市某种植养殖专业合作社非化稻鸭共作生态循环示范基地项目的工作总结中在谈及企业发展中存在的问题时提道："目前基地建设存在的主要问题是农民把'主体地位'视为在利益分配时可以随意毁约，小农意识严重，诚信度差，履约意识淡薄。"例如，某对虾养殖户的种苗、饵料、技术等均来自重庆某企业，该养殖户与企业签订了成熟对虾40元/斤的包销合同，对虾成熟后，当另一水产品收购企业出价45元/斤时，养殖户就背弃了原合同将所有成熟对虾销售给了后面这家企业，给出的解释是"总说农民主体地位，结果一做主想多挣点钱又不被允许，为啥好处都得企业老板占"。

第二，农民对土地流转后的多元收益分配的诉求与工商资本现实中更强调土地流转收益形成分歧，农民对利益分配机制不信任。一方面，农民认为利益分配机制不足以保障自身主体地位。在凉山、成都等地调研时，都有农民提出疑问，认为资本下乡后土地大规模流转集中，自己除了能够拿到每年平均不到1 000元的土地流转费，其余再也拿不到1分钱；此外，给业主打工的每天80~100元的报酬也远低于城镇务工收益，"不公平的利益分配方式是不是就是把农村土地重新划给企业老板，把农民赶进城？"这种情况在川东北的一些远郊农村较为普遍，每年土地流转费以黄谷折价仅为100~200斤（1斤黄谷1.38元），土地流转出来后农民除了每年低廉的流转费就没有其他收益了，农民认为土地是被"廉价出让了"。另一方面，农民认为与工商资本建立的利益分配机制是"风险有共担、利益未共享"。成都市某乡镇种植股份合作社给以地入股的农民每亩地保底收益在1 000元左右，而年终分红却不到100元，农民认为这笔钱就是"做给领导看的"；1/3的养殖专业合作社在前5年集中将年终收益归还银行小额贷款，没给社员分红，也引起了社员不满。此外，在"基地+企业+农户"的合作模式中，农民感觉自己连在生产环节应该获得的收益都无法得到完全保障，更不用说分享加工和流通环节的附加值收益了。例如，某村有黄花基地2 000余亩，采取订单模式与农民签订协议，由于近年来黄花价格受市场因素影响较大，农民黄花收益逐年减少，农民戏称"价格高的时候老板压价，价格低的时候市场压价，就是在给老板当廉价农业工人"。

第三，农民不愿"接二连三"造成在利益分配中"风险自己扛"，工商资本下乡难以深度融入，仅能涉及农产品收购环节。一方面，农民对自身技术盲目自信，不希望工商资本深度融入从而在生产利益分配掌握主动。成都市某镇三元村引入工商资本解决油桃对口销售问题，为了能掌握生产主动权，农民抗拒接受技术优化。2009 年负责对口收购的企业邀请四川省农科院的专家下乡传授"长枝修剪法"，大部分果农不愿意接受。该村近年来共邀请相关专家传授"长枝修剪法" 4 次，但一直未被广大农户重视。后来，村上有返乡大学生采用长枝修剪法种植油桃，在他的带动和影响下他的亲戚开始运用这项种植技术，逐渐影响其他农户，这项技术才在农户中得到普及。在这十年的时间里，工商资本对技术优化难有作为。另一方面，工商资本与农民形成的简单利益联结中，农民收益分配承担市场"完全考验"，鲜果、蔬菜等农产品销售收益波动巨大。调研发现，超过 60% 的农户仅仅满足于为工商资本提供种植基地，缺乏相关的二、三产业发展思路，造成农产品收购、销售渠道单一，上文所述的三元村全村油桃种植面积 4 100 余亩，年产 700 万斤桃子，基本上靠对口工商资本上门收取，销售渠道单一，价格受市场冲击明显。2019 年市场行情好，桃子均价在 4 元左右，农民对收益较为满意，但 2018 年因市场行情不好，农民销售困难，存在相互杀价现象，甚至只卖几毛钱一斤。并且，因没有农产品加工企业收购，2018 年有 1/3 的成熟桃子烂在地里。

三、政府市场"双手不清晰"，工商资本和农民政策依赖明显

第一，基层政府的公共基础设施政策主观性太强，形成了对工商资本和农民的"硬引导""硬约束"。从调研的情况来看，不少下乡工商资本都希望将乡村传统特色产业做大，并引进先进技术对传统产业进行提档升级，同时推动农业旅游化，建设具有当地产业特色的田园综合体。但是，在笔者询问希望获得的最主要支持时，71.4% 的工商资本首先提到了基础设施建设，认为农村基础设施不够健全将严重制约产业发展；但与此同时，笔者也与这些项目所在的乡镇政府进行座谈，乡镇领导表示，"目前乡村振兴项目很多，不是不修路，而是怕路修好以后起不到作用后期还要负责维护"。调研中发现，便利的道路交通往往是乡村产业项目孵化中最重要的因素，但目前乡村产业项目"鱼目混珠"，必须依靠政府进行筛选，并决定是否加大对产业配套的公共基础设施投入，不明确的决策机制往往"越俎代庖"，决定了乡村产业发展方向并由此承担巨大的决策风险。

第二，基层政府对工商资本的产业政策"引导"作用定位不准，或者"引导"变"主导"，或者"引导"变"放任"，农民很难成为产业决策的主体。一方面，引进工商资本下乡基本由政府主导，农民的参与度低且收入未达

预期。基层政府普遍意识到产业兴旺是乡村振兴的物质基础，都迫切希望引入优质产业，在这个过程中对工商资本下乡和土地整理流转等工作地方政府从"引导"变为"主导"，农民很少参与其中，有"旁观者"的感觉。调研中，有农民反映，当地政府在宣传工商资本下乡时，一般都会跟农民这样说："把土地流转给工商资本，既能获得土地租金，还能变身'工人'在土地上打工赚钱，轻轻松松就拥有两份收入，何乐而不为？"在一番宣传后，如若还是有农民不愿转让土地，那政府便会派人软硬兼施，甚至告诉他们不流转土地可能就享受不到很多政策等。例如，凉山州某乡镇已建成2万亩花卉基地，土地的流转费用已经达到每年每亩3 000元，成了当地现代农业发展的典范。但对该乡镇村民进行走访时发现，土地流转过程中村民参与程度极低，许多村民对土地流转规模、费用、年限等实际情况并不了解。事实上，该基地建起来后，企业给农民开出的工资相对较低，仅为每人每天50元，不仅无法为农民购买社保，还无法保证每天雇佣，当地政府在土地流转之前做出的增收承诺实际并没有很好地兑现。另一方面，政府将产业发展过度交由农民决策，以"尊重农民主体性"为名行"放任不管之实"，表现为当地政府基本不去干涉农民意愿，种什么、怎么种，听之任之，不加引导。在笔者走访的乡镇中，有4个乡镇相关工作人员表示，当地基层政府不会干涉农户产业发展事宜，以政策宣传为主，农户听则已，不听就算了，也不做强制要求。表面看似对农户主体性的尊重，但实际是害怕农户闹事，政府担责。这样做往往容易引起同质化甚至是恶性竞争，只看可能的短期利益，而不看可能出现的巨大市场风险。例如，2017年某县个别乡镇种植葡萄形成了很好的市场效益，户均收入高达30万元，于是周边乡镇掀起了种植葡萄的热潮，2018年该县葡萄种植规模就达到7万~8万亩，而当地政府并未进行干涉，反而进一步引导大面积种植，在葡萄大面积成熟时产生了杀价、"窝里斗"的情况，严重损害了农民利益。

第三，基层政府对农业人才的培训教育政策不到位，农民逐渐在乡村振兴中沦为"边缘人"。一是农民因技术达不到产业发展的要求，而政府政策却倾向"外来和尚好念经"，忽视了对当地农民的技能指导培训。地方政府在引进项目或发展当地集体产业时，青睐新兴产业和现代农业项目，容易忽略当地农民的技术条件是否能够达到要求。新兴产业往往技术性强、门槛高，当地农民的文化技术难以达到要求，加上企业开出的工资低，多数青壮年选择外出打工，留给企业雇佣的只是少数当地农民，且以中老年人居多，这使得农民在集体产业中的参与度又大大降低。调研中发现，一些乡村发展集体产业，企业通常会聘用大量的外来技术人员从事核心工作，而当地农民虽然能解决就业问题，但大多数仅仅从事着搬运、装箱、清洁等基础工作，工资收入极低。在地方集体产业发展中显得可有可无，希望提升能力却缺乏培训平台。二是专业实用性技能人才日渐减少，对农民"成才"的激励政策不足。成都市出台政策鼓励农村大学生返乡从事农业生产，例如开展农业职业经理人培训，获得职业经理人证书后个人社保缴纳部分的 60% 由政府补贴，且能享受银行信用贷款。然而，2018 年某区分配到 8 个参训名额指标，但符合条件的大学生不足 8 人，只能找其他人员"凑数"。此外，政府的激励政策重在强调产业结果，可能忽视对产业人才"不等不靠"的自强精神培育。调研发现，85% 的农户对于发展什么产业或者如何增收没有想法，有的是政府争取什么项目就做什么项目，只管种养，产业决策交由政府全权包办，例如木里县哈朗村，当地政府发放核桃苗引导村民种植核桃，农民初期因核桃收益低不愿意栽种，但政府承诺成活一棵补贴 50 元钱，且后续帮忙销售后，农民就愿意栽种了。另外，农民对于银行支持性质的小额贷款仍有抵触心理，不愿贷、不敢贷，希望政府担保背书。雷波县某村在种植花椒时，获悉贫困户在当地银行可以贷款最多 5 万元的政策后，只有 10% 的农民感兴趣，当地农民对笔者表示："既然国家支持农民，那让我们种什么我们就种什么，保证我们挣钱就行，贷款、技术、政策、销售等等政府帮我们搞定就成。"

四、农民利益诉求的多元性与工商资本的"纯理性"形成矛盾

第一，原生文化被产业侵蚀，农民对居住文化环境的改变感到迷茫，在跟着工商资本挣钱的过程中愈发丧失了文化自信。笔者调研发现，超过 70% 的村庄已经找不到寄托乡愁的宗祠等传统文化场所，依稀可见的老建筑大都处于被遗弃的状态。在川东北调研时，某村有书院文化，当地也出了大量的进士，年长的农民谈到村庄曾经的辉煌时都能神采飞扬地说上几句，但当地村干部却反复强调建筑的重要性，认为"老文化要包装成大项目才有意义"，还指着清朝末年的一座有满满历史沧桑感的木桥说，"建筑是文化的承载，以后村里搞开发，把这座桥打造成网红景点，城里的人喜欢，就能吸引更多游客"。这种以下乡工商资本的审美标准来评价乡村文化的情况比比皆是，笔者在农村看到的新房子不少都是模仿城市"别墅"样式，农村传统的建筑风貌基本上被当作落后的东西抛弃。有的农民提出"文化温度"也是乡村振兴的重要目标，但对于文化的改变他们越来越说不上话了。

第二，伴随着工商资本一起下乡的市场"新文化"泛滥，农民无归属感。乡村振兴被上升为国家战略以后，文化振兴重要性愈发凸显，但下乡工商资本对"优秀文化"的界定出现了明显的偏差：一是认为文化公共服务就是文化本身。笔者调研发现，95%以上的工商资本在村庄改造时，为了满足农民日益增长的精神文化需求，都加快了农村文化建设，都配备了图书室、文化站，但这些基础设施长期处于管理不到位、服务能力缺失的状态，藏书几乎没有更新，甚至有的地方将图书室变为了农民的"麻将室"。二是认为文化就是做大产业的工具，笔者在凉山、成都、眉山等地都看到"××橘花文化节""××康养文化""葡萄文化"等宣传标语，似乎当地村镇富集了什么产业，就能上升为产业文化。有的农民笑着说，"我们这种柑橘一共才10多年历史，就提升成了柑橘文化，还不如研究研究我们这个村的村名咋来的"。三是有的民俗规范被突破，约束性遇挑战。例如乡村原有传统节日民俗活动、民俗仪式等渐趋式微，逐渐失去其传统文化功能；民间花会及其组织活动市场衰微；村规民约、家风家训等民俗规范认同感降低。不少村干部反映，当前工商资本下乡后的社会活动通常不受乡村传统文化的约束，其积极作用在乡民间的认同感逐渐降低，但其负面功能却得到部分凸显。

第三，农民对基层治理的高热情与基层干部低收益之间的矛盾，极大制约了农民对公共政治、社会治理的目标追求，组织主体地位渐渐动摇。笔者调研发现，目前村干部普遍老龄化，尽管全省各地村干部收入差距较大，但最高的也仅为 2 000 余元。伴随着下乡社会资本规模越来越大、发展速度越来越快，村干部负责的工作越来越多，身上的担子越来越重，心理压力也越来越大。有的乡镇领导介绍，其下属的 14 个行政村中有 4 个村选不出党支书来，必须由乡镇下派，主要原因是适龄青壮年没有党员、上任支书明确提出不再续任。此外，当前对村组干部的配套政策也不具有激励性：按照目前的规定，村干部退休后，平均每届任期能够多增加 10 元左右退休工资，10 届任期也只能增加100 元；资阳市乐至县的村民小组网格员每月收入仅 50 元，但要承担责任网格内的计生、低保、民政、文明创建、安全生产、综治维稳的信息归档和协调工作，工作负荷远远超过每月带来的收益。

第三节　多途径建立工商资本下乡后发挥农民主体作用的利益机制

如何在工商资本参与乡村振兴的大背景下提高农民的主体地位，并同时保障农民与工商资本集体利益，持续运营以及提质增效是当前乡村振兴、农业供给侧结构性改革亟待思考的问题。鼓励和引导资本下乡，借助其较高的服务、技术、管理水平和市场敏锐感，实现农村产业提档升级和村庄的改造是乡村取得活水源头的关键。但在这个过程中必须进行可持续、可发展的利益机制等制度化设计，清除阻碍农民发挥乡村振兴主体作用的障碍。在产业发展中，只有农民主体地位身份得到认同、利益分配机制合理科学、政府政策调节对市场机制有效补充、文化组织等非经济目标得以有效兼顾，才能实现乡村内生稳定、持续发展的良性驱动力。完善工商资本下乡后发挥农民主体作用的利益机制如图6-2所示。

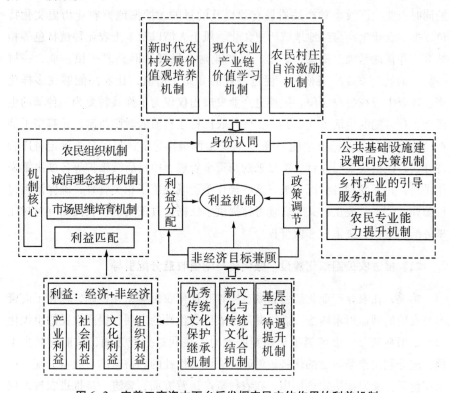

图6-2　完善工商资本下乡后发挥农民主体作用的利益机制

一、推进农民能力建设，重塑新型农业职业价值观

第一，建立新时代农村发展价值观常态化培养机制，扬弃"干农业就是干苦劳力"的认识。通过综合素养的提升，促进农民转变传统观念，形成革新意识。培养"爱农"价值观，引导普通农民树立"爱农业、爱农村"的思想，加强对现有农民合作社领头人、家庭农场主、农民企业家等农村能人的价

值观塑造，增强他们的"爱农"意识，使其在实现自身发展、收入增加的同时，带动后进；塑造终身学习的平台机制。在发展较好或是有特色优势的乡村建立"乡镇党校""农民夜校"等，形成农民专业知识和能力、农村实践技能培训的载体和平台；培育农民创业创新的意愿，鼓励正在迅速成长的新型农民通过现代农业生产技术和农业经营管理知识的相关培训走上创业创新之路。第二，构建农民对现代农业产业链价值学习机制，增强农民与工商资本合作时的信息自信。延长农业产业链条，增强农民参与农村产业发展的积极性与主动性。在农业生产中加大新科技成果的引入力度，以达到在劳动力投入逐步减少的同时农业生产效率和产品质量有效提升的目的。挖掘地方农业历史文化特色，推动农业生产与当地地域历史文化、风土人情以及本土农业种植特色等相结合，并在此基础上推动一、二、三产业融合发展，形成"一镇一业、一村一品"的特色农业发展格局，促进农业的多元化增值，让农民能够在多样化产业环节中寻找自身定位，把推进产业发展由仅仅为了挣钱转变为一种新的生活理念和自觉的生活方式。第三，优化农民村庄自治的激励机制，让基层干部在"想干事"的前提下"能干事"。在县乡两级指导下，村民自主确定村庄管理办法，包括决策与监督、项目采购与资金管理、项目后续维护等各项决策操作手册，并下发到各村民小组。这些操作手册既规范了相关管理，确保治理过程公开、公平、公正，又为后续考核提供了依据，真正实现了农民拥有对村庄事务的知情权、决策权和监督权。

二、推进农民组织化建设，强化资产增值收益分配引导

第一，在农业产业化经营领域，完善和优化农民组织化机制，强化工商资本与农民的利益诉求匹配。鼓励并规范农民合作社的发展，提高农民的组织化程度，增强其参与市场竞争与谈判的能力。在利益分配方面，政府应减少干预，充分利用市场机制的优势，使其在农民合作社的利益联结、收益分配、产品定价等方面发挥决定性作用。在农村资产运营方面，要进一步推进农村产权制度改革，增强资产增值收益引导，明确资产增值收益在不同经营主体之间的分配导向，引导工商资本与农民、合作社以及村集体形成合理的收益分配比例；健全并完善农村产权市场及风险防范体系，加强对合作社收益的监督与管理，专款专户，以确保利益联结的稳定；同时还要推进农村社保体系建设，切实保障农民的居住与财产安全。第二，建立农民诚信理念提升机制，通过"教育引导+实践养成+制度保障"三管齐下的方式全力推进诚信建设；增强农民的主人翁意识、责任意识、集体意识和规则意识；完善诚信档案建设制度，

可参照银行、通信等领域的信用评级制度推进诚信评级制度建设，将严重失信者纳入"黑名单"，并依据其失信的危害性质和程度进行相应惩处。建立守信激励机制，结合新型职业农民的特点，参照国务院办公厅《关于加强个人诚信体系建设的指导意见》相关内容，对那些信用良好的新型职业农民，给予就业、创业等方面的相应支持，帮助其在市场竞争中得到更多的机会。第三，建立农民市场思维培育机制，增加农民土地流转费以外的其他多元化收益渠道。推进农民常态化参与特色优势产业打造的全过程，抓准产业对象，培育农民的市场思维。特色优势产业打造要结合线上线下指导，依托当地的自然、人文等资源禀赋，坚持以市场为导向，坚持以特色鲜明为准则，加强与外部的合作，打造特色优势产业。引导农民参与品牌定位的全过程，形成品牌收益的风险共担、利益共享机制。引导和培训农民重点考虑目标市场与产品特色，争取项目支持，做好品牌宣传与营销工作，打造个性化营销平台。培育农民形成标准化思维，强调标准制定要科学，标准执行要到位。

三、提高政府公共基础设施、产业引导、人才培育政策的有效性

第一，建立公共基础设施建设靶向决策机制。在前期对基础设施项目进行立项时，要结合当地产业发展的实际需要，引进第三方机构进行评估，以提高公共基础设施的实用性与效益性。在中期公共基础设施的建设及维护过程中，考虑采取股份制等方式引入工商资本等市场经营主体，以提高资金的使用效率，并降低运行成本。在后期还要聚焦基础设施周边配套设施的建设与使用率问题，以推动基础设施发挥最大效用。第二，推动形成基层政府对乡村产业的引导服务机制。加快基层政府由管理型向服务型转变，为当地经营主体创造良好的营商环境。一方面，为了激发乡村的内生动力，基层政府应切实做好对各种现代农业项目发展的服务与保障工作，推动乡村现代化由"行政推动"转向"内源发展"；另一方面，为了推动乡村发展的转型与升级，还应加速推动"互联网+"现代农业行动的实施，加大对物联网、大数据、装备制造等的推广和应用，确保信息入村入户，以全面满足乡村现代化发展的内生需求。第三，推动形成农民专业能力提升机制。结合县乡已有的常规性能力培训，增加周末或夜校志愿培训，可采用线上播放、线下答疑方式，加强培训经费和场所保障。对现代农业生产能力，要结合当地农业生产的特色技术进行培训；对现代农业服务能力，要加强对农产品采摘后处理、加工、储存、运输、销售等能力的培训；对现代农业经营管理能力，要加强市场预测和分析决策能力、财务管理能力、生产管理能力、设备管理能力、人力资源管理能力、产品质量管控

能力、信息技术处理能力、参与农业保险意识和能力等的培养。

四、尊重乡村公俗良序，顺应农民对文化、社会等合理的利益诉求

第一，建立对优秀传统文化的保护继承机制。乡村中很多的优秀传统文化值得我们重视，应先保护后利用。例如，应该把乡村中留存下来的传统建筑、文物古迹、民族村寨、灌溉工程遗址等划入历史保护红线的范围，严格禁止乱拆乱改；着力加大对农村地区优秀戏曲曲艺、民间文化技艺等的传承与发展，对其内在的优秀文化理念、民族精神、思想价值等进行深入挖掘，并结合现实不断赋予其时代内涵，让其重新焕发出生机与活力，继续发挥聚民心、教民行、化民风等作用，最终成为乡村振兴的精神动力。第二，构建"新文化"与传统文化结合机制。要注重因地制宜，做好规划定位，坚持差异化文化开发。例如，生态环境优美、区位优势显著、地区风貌独特、配套设施完善的地方，具备发展文旅产业条件，应大力推动文化旅游经济的发展。而在其他诸多不具备此类条件的地方，则应根据其当地优势与特色，从饮食、农业、手工等文化中寻找突破口，发展特色生态文化产业。第三，完善基层干部待遇提升机制。让镇村干部感受到"职业荣誉"，要增加基层工作岗位津贴，对广大基层干部的任职环境、工作性质、服务年限等进行综合考量，让在基层从事艰苦工作的干部真正获益。增加特殊工作补贴以及专项重点工作补贴。可依据基层干部不同的工作性质增设一些特殊工作补贴，以补偿其在工作中必须担负的一些个人花费（如交通费、通信费等）。

第七章 工商资本参与"三权分置"改革的规范与引导

——基于集体经济组织维护视角①

盘活农村闲置资源，推动乡村产业兴旺，能为乡村的全面振兴奠定扎实的物质基础。党的十九届四中全会明确指出，全面建立资源高效利用制度，健全资源节约集约循环利用的政策体系是推进国家治理体系和治理能力现代化的重要内容。四川省委十一届六次全会提出，着眼于优化整合资源要素、加快集体资源资产"三权分置"改革，是推进城乡基层治理的重要抓手。笔者对成都、南充、凉山、达州、绵阳等地的 13 个县（区、市）的 92 个乡镇和村庄进行深度走访调研。研究发现，近年来村集体和广大农民受益于各级政府有效引导，在盘活利用闲置资源方面进行了一些实践和探索，取得了一些成绩和经验，有效强化了农村集体经济，然而存在的一些苗头性风险和隐患也需要引起高度关注。

第一节 壮大集体经济的三条主要路径

笔者认为，壮大集体经济的路径可以从基层党支部通过发展农村产业"消化"闲置资源、以"三变"改革构建"业主—农户—集体"的利益联结机制、因地制宜发展特色产业盘活利用闲置资源三个方面入手。

一、基层党支部通过发展农村产业"消化"闲置资源

实施乡村振兴战略以来，四川省各级党委政府大力支持农村基层党组织工

---

① 本章摘自笔者的决策咨询报告《关于盘活农村闲置资源 壮大我省农村集体经济的建议》。

作，有效激活农民群众参与农村产业发展积极性和能动性，以规模产业带动农村闲置资源盘活。调研发现，在农村闲置资源盘活的进程中，基层党支部"发挥强力作用"的比重约为32%，"发挥一般作用"的比重约为46%，"党支部声音很弱"的比重为8%，"说不清楚"的比重为14%，基层党支部总体上呈现越来越强大的资源配置协调能力。西昌市安宁镇五堡村大力发展葡萄产业，村支书兼任集体经济组织负责人，通过党支部发动党员种植引领带动普通农户共同参与，葡萄种植面积10年间由0发展到3 000多亩的规模，实现全村2019年1.4亿元的毛收入。在葡萄产业带动下，闲置旧房、仓库等资源被全部利用起来，形成了"支部领衔、党员带头、群众入股、资源利用"的全局思路。南充市顺庆区李家镇杨柳湾村党支部先后3次赴云南考察半边红李子的种植和销售，购买李子树苗5万余株免费发放给村民栽种，在阿里巴巴建立网上销售交易平台并成功注册"美人李"商标。从2014年建成产业园至2020年的6年时间，李子园亩产值高达4.5万余元，逐渐构建起"支部把方向、集体管动员、合作社抓生产、农民能致富"的基本模式，到2020年7月全村闲置农业用地连续3年为零。

二、以"三变"改革构建"业主—农户—集体"的利益联结机制

土地是农村最重要的资源，土地闲置是农村最主要的资源浪费。笔者走访的乡镇干部、村干部、普通农民和业主中，认为"农村资源基本上就是指土地资源"的比重高达93%，认为"农村土地资源亟须盘活的类型"中，"耕地资源"比例高达70%。通过市场化机制落地"资源变资产、资金变股金、农民变股东"的农村资源"三变"改革，推动土地集中连片、规模经营就成为避免土地闲置的最主要方式。绵阳市游仙区太平场土地托管中心灵活采用土地流转方式，有效解决土地抛荒问题，在坚持家庭联产承包责任制不变、农民土地使用权不变、农民经营主体不变、农民投入主体不变、农民受益主体不变"五个不变"原则下，以全托、半托、代管三种流转方式为农户提供服务，实现了"农资用量降低、机械成本降低、水电投入降低、销售成本降低""四个降低"。通过测算，每亩土地可节约生产资料成本200余元，节约机械成本50余元，节约防治成本20元，增加产量300~500斤、增加收入300~500元，形成了"农业共营"的理念和思路。

三、因地制宜发展特色产业盘活利用闲置资源

立足农村文化、生态、气候、区位等特点，因地制宜培育和发展特色产

业，是农村资源盘活的重要途径。调研发现，经济越是欠发达的农村，盘活闲置资源突出"地域特征"的比重就越高，例如笔者在成都、绵阳调研时发现该比重大约为24%，在南充、凉山调研时发现该比重大约为37%，而在达州调研时发现该比重高达71%。西昌市木里县乔瓦镇锄头湾村地处高海拔地区，农民普遍进城务工，大量耕地闲置，于是该村果断舍弃常规农作物的种植，将中药材种植作为主打项目，高海拔的劣势成了优势。中药材种植取得阶段性成效后，该村通过"公司+支部+合作社+农户"的模式，不断延伸村集体经济产业链，依托发展珍红海椒、大棚蔬菜等特色农产品，把闲置土地利用了起来。达州市渠县把自身青花椒、生猪两大优势产业结合起来，以"青花椒+生猪"种养殖相结合实现传统农产品品牌提升，例如某养猪场和花椒基地老板共同出资，建设猪粪处理装置与滴灌管道，解决农家肥无害化处理问题，减少青花椒化学肥料的使用以及经济支出，还满足了环评的刚性要求，推动企业所在行政村青花椒种植超过 5 000 亩，村集体经济年收入在 1 万元以上，村民年均纯收入高于 16 000 元。

第二节　壮大集体经济的苗头性风险

发展壮大农村集体经济，从主体构成上看，将面临来自农民、村集体和工商资本三方面的风险。

一、来自农民方面的风险

从农民的维度来看，有盘活利用能力的进不了村两委"无力可施"、打擦边球占用集体资源坐等"赔偿"的趋势见涨、"三重束缚"严重制约了农村闲置资源作用的有效发挥。

一是返乡回乡农民盘活乡村闲置资源有理念、有能力，却因"超生"进不了村两委而"有心无力"。"资源变资产"，思想、阅历是关键，特别是了解乡村规划设计流程、有一定推介宣传招引能力的人才更加弥足珍贵。从总体调研情况来看，在成都市以外的村两委主要干部中，60 岁以上的占比为 70%，40~50 岁的占比为 20%，40 岁以下的占比为 10%，老龄化趋势进一步凸显，难以用市场化、法治化方式处理闲置资源盘活的具体事宜。但与此同时，座谈中发现一个普遍情况，即部分年龄 40 岁上下、实现了家庭小康的"乡村精英"有心参与竞选村两委干部，却因"超生"于计划生育政策初期而失去了竞选资格，导致本就缺乏新鲜血液供给的基层两委选人范围更加狭窄，干部年龄段出现严重的断裂带。

二是农民对村集体资源中的基础设施边缘闲置部分"青睐有加"，在"公有"变"实际私有"后争取赔偿。笔者在调研过程中发现，尽管农村人口日渐减少，但工商资本打着"农村主人"旗号、在集体资源上"占便宜"的案例并不少见。例如，有的农民自家土地与通村公路交界，农作物种植时占用属于公路边缘的闲置部分，而公路因属于"集体"，村干部往往"睁一只眼闭一只眼"，久而久之被占用公路部分就成为自家"实际占用"土地，成为通村公路扩建时的"定时炸弹"。不少村干部反映，按照国家关于翻修、拓宽、加固、标准化建设通村公路的文件要求，这类既成事实的占有是可以给"赔偿"的，就更加助长了"不占白不占、占了有钱赚、赔偿随便喊"的不良风气，更由此引发村民阻工闹事、上访"告状"、村干部被问责的情况，严重损害了公平正义和挫伤了基层干部工作积极性。

二、来自村集体方面的风险

从村集体的维度来看，闲置资源盘活面临"瞎子摸象"从而更多停留在直观认知上、简单的"企业化"模式运营闲置资源造成集体收益难以获得持续积累、当前适用政策解决不了"历史负担"、撤村并居形成资源配置新的挑战，这"四类掣肘"造成村集体缺乏能动性和积极性。

一是村集体对闲置资源盘活，面临"瞎子摸象"的情况，容易产生"形而上"的政绩类、亮点类短期工程。盘活利用闲置资源的基础是对现有存量资源的清理，然而部分区域对闲置资源未进行系统清理，具体负责人不清楚相关工作，政策不清必然"瞎子摸象"。调研组走访了凉山多县的农业农村局、林业局负责闲置资源盘活的领导干部，90%以上的人表示对闲置资源的清算、整合和盘活工作才刚起步，各方面数据资料暂时没有统计。对凉山州委党校集中培训的130名村支部书记和村集体经济负责人进行问卷调查，超过90%的人没有对本地闲置资源进行过系统清理，没有了解过相关政策，也不清楚闲置资源整合利用的牵头部门。有的县领导还表示，在盘活农村闲置资源过程中"害怕出乱子、丢'帽子'"，因此上级相关部门下发的文件一般到镇街一级，村（社区）一般都掌握不到，导致村集体往往是在别的工作上戴上闲置资源盘活的"帽子"而非专项开展此项工作。

二是简单的"企业化"模式运营闲置资源造成集体收益难以获得持续积累。实施乡村振兴战略以后，集体经济的发展壮大是切实保障农民利益、实现农民增收的关键，但简单化引入"企业模式"推进闲置资源盘活却容易造成村集体收效甚微，难以持续发展壮大，最终"肥了业主、瘦了村民、饿了集体"。例如，成都市某村成立农业发展有限公司，主要为流转闲置农业用地服务，并协调业主与各方的矛盾纠纷，负责收取和发放土地流转费用。该村有业主 30 余个，流转土地 2 400 亩，农业公司每亩收取 50 元管理服务费，年收入 12 万元。然而，该公司只有简单的"企业架构"却缺乏"运营思维"，导致公司 3 位管理人员仅每年支出方面就要花掉 8 万元，公司开展业务活动及办公费用又用去 4 万元，给集体的经济收益几乎为零，难以实现长效发展。

三是部分政策解决不了闲置资源盘活的"历史负担"。第一，土地资源性质界定错误后纠错政策未跟上。某县国土和林业部门在过去认定土地性质的时候出现了偏差，把一些荒地认定成了耕地，这些土地十分贫瘠，无法种植粮食，却出于基本农田保护等原因无法另做其他用途，造成该县打造特色村落时停车场等配套设施迟迟无法开工建设，导致计划最终流产，旧房和荒地闲置至今。第二，集体盘活闲置资源发展产业的审核政策相比个人投资来说更为严格。凉山某村拟盘活闲置资源修建 6 个冻库，按照政策个人出资修建冻库则每个冻库获得 6 万元补贴；若是以村集体名义修建则每个冻库获得 8 万元补贴。村支书为了提高集体经济收入确定以集体名义报批，但因为手续更加严格到现在仍未动工。村支书愤愤地说："若是以个人名义修建冻库，目前早就获得收益了。"第三，"废弃林业资源"处理政策待破解。笔者调研发现，不少山区丘区大量种植桉树是因为早年可以用桉树熬油发展经济。从 2017 年开始，国家明令禁止桉树熬油，使得大量桉树林闲置，甚至几百上千亩集中连片形成巨大规模，不仅增加了护林防火难度，还被当地村民称为"抽水机""吸肥器""霸王树""花钱都没人砍伐"。

四是撤村并居形成闲置资源利用新的挑战。调研发现，部分村（社区）合并后，村两委只能选择在一个党群服务中心办公，被撤并的村（社区）党群服务中心被闲置。村两委想引进项目，增加集体收入，壮大集体经济，但因被撤并的村（社区）一般都离场镇较远，受地理条件限制，租出去难且租金收益低而被闲置。例如，成都市某村由三个村合并为一个村，撤并的两个村的党群服务中心闲置，成为建制村（社区）合并后必须破解的一个难题。

三、来自工商资本方面的风险

从工商资本的维度来看，企业"跑路"违法成本过低、"打包式"流转闲置资源成本低与农民利益诉求相冲突、变"农业闲置资源"为"实际非农闲置资源"导致资源恢复难度大，"两低一大"使得集体—业主—农户之间利益机制更加脆弱。

一是企业闲置资源盘活利用失败后"跑路"的套路深、违法成本低。当前不少社会资本到农村成片拿地，后因投入大、产出低造成资金断链后选择"跑路"，而法律约束有限。成都市某区农业公司有80余家，因受资金链断裂影响无法发放农户土地流转费的公司高达16家。当业主跑路后，乡镇和村集体利用法律手段维护村民权益时，却发现农业公司实际为空壳公司，公司资产被转移，法人并不是实际的控制人，赢了官司却仍然拿不到农户流转费。成都市某村将460亩土地流转给美人鱼农业公司，农业公司实际老板以其离婚的妻子作为法人注册公司，因种植葡萄收益微薄而选择了"跑路"，村民通过法律程序维权，但因法人代表与实际老板"离婚"而造成法律诉讼停滞。对于大批闲置土地，村两委还要拿出经费聘请专门人员进行监管，防止农户和企业倾倒垃圾和渣土，直接增加了村组负担。

二是社会资本"打包式"流转闲置资源成本低与农民利益诉求相冲突。不少村集体无力盘活闲置资源，完全交由社会资本清理利用，农民在利益谈判时缺少话语权。攀西区域某村砂石资源十分丰富，当地村集体无力开发而将砂石开采和经营管理权授权给了某社会企业。该企业未从长远考虑，过度追求短期利益最大化，在很大程度上破坏了本村的资源再生能力。特别是在运输砂石过程中超重运输，对当地乡村道路等基础设施造成了严重损坏，多次协商后农民的利益诉求难以满足却无能为力，农户对此颇有怨言。

三是社会资本变"农业闲置资源"为"实际非农闲置资源"导致资源恢复难度大。调研发现，绝大多数行政村都根据国家政策，设立了"撂荒土地不超过30亩"的红线，也使得行政村将农业闲置用地再利用作为工作的主要任务。但在这个过程中，出现下乡社会资本"挂着羊头卖狗肉"，打擦边球改变了农业用地属性。调研发现，目前农业用地"实际非农使用"的违法情况主要有以下五种：①借用设施农用地的名义直接进行餐饮住宿的建设（占比为32%）；②以建设临时生产用房名义进行修建（占比为21%）；③修建水泥柱，将建筑物腾空，以显示未破坏耕作层（占比为18%）；④修建木屋或钢架房，即使查处也能低成本拆除（占比为16%）；⑤建设温室大棚生态餐厅（占比为13%）。

第三节　壮大集体经济的着力点

笔者认为，应当坚持以"依法引导与农户自愿相结合、资源流转与产权保护相结合、产业发展与品牌建设相结合"为基础和原则，充分盘活农村闲置资源壮大集体经济。

一、强化乡村盘活利用闲置资源的人才支撑和素质提升

一是聚焦专业专长，推动选拔途径的多元化变革。坚持选聘结合，将民主选举与组织选派、公开招聘等方式结合起来，增加村干部选拔渠道的多元性，探索用人模式由"就地选才"向"广聚群贤"转变。积极鼓励外出务工经商人员、农民企业家、返乡大学生、复员退伍军人等回村参加竞选，真正把资源盘活能力强、协调服务能力强的人选进村级班子。坚持以强带弱，选派优秀村党组织书记跨村任职。设置村专职文书职位，打破地域、行业和身份限制，公开招录优秀大学毕业生到村组织担任文书，帮助抓资源利用和集体经济工作。二是培育村民法治思维，以法治保障农村资源有序盘活。要建立和完善权责明确、运行规范、保障有力的农村闲置资源盘活利用行政体制和监督体系，建设高素质的农业行政执法队伍，保证资源利用相关法律法规严格执行和涉农法律问题迅速合理解决。要健全农村法律服务体系，最大化地满足农村法律服务的基本需求，用实实在在的法治成效推动农民群众以法治思维、法治理念参与乡村闲置资源盘活工作。三是必须杜绝社会资本以盘活闲置资源为名行下乡逐利之实，坚决保护农民合法权益。在盘活农村闲置资源过程中，切忌出现有违党中央意愿，不合时宜地大搞强迫农民的举措。要依托严格落实公平合理的市场化盘活农村资源要素原则，立体式拓宽农民群众就业渠道和增收形式，使广大农民群众能够充分享受到农村宅基地等领域的普惠式改革所带来的红利。

二、增强村集体在农村闲置资源盘活利用领域的能力支撑和政策支持

一是系统梳理乡村闲置资源，加强村两委干部政策储备。摸清农村自然、人才、文化、产业、项目"五大资源"的存量、利用状态以及房屋周边环境等信息。构建本县（市、区）农村闲置资源信息数据库。在此基础上对闲置农村资源进行分类整治，并根据不同类别闲置资源的基础条件和市场需求，因地制宜、精准招商。在系统梳理乡村闲置资源过程中，村组干部深度融入、全

程参与、"干中学"，形成村两委在资源盘活领域的政策储备、资源数据支撑。二是按照党委政府统领、集体全方参与、企业理念运营的原则，建立乡村闲置资源流转服务平台。应由各乡镇党委政府部门牵头组建专门的领导机构，配备专职人员，制定当地乡村闲置资源流转开发方案，并在做好风险评估的基础上探索建立乡镇村闲置资源流转交易中心。三是完善政策决策机制。采取"老人老办法、新人新办法"的方式，兼顾各方利益，防止政策不确定导致农业企业破产、土地撂荒。要配套相关政策激励，防止同样的项目任务中"集体程序比个人复杂、集体收益小于个人集合"的情况出现。四是避免"撤村并居"过程中的资源闲置。探索推广"抱团发展""做大集镇村""做强中心村""以强带弱""以富带贫""强化产业带""特色小镇发展"七大并村模式，实现村集体的资产、资金、资源"三资"的高度融合，实现并村、并心、并资源。

三、借力社会资本做好农村资源的盘活利用、市场对接和运营维护

一是规范资本下乡从事资源利用的准入和监管机制。建立严格的资本下乡准入和监管制度，并对社会资本补贴激励机制进行完善，依靠制度引进良性资本并规范投资方向；通过信贷调节下乡项目及融资成本，并对流转失地农民法律援助机制进行完善，此外，还要注重资本下乡与环境保护的联结，从而确保资本下乡不走偏，农民利益不受损。二是完善重要信息披露机制，防范企业信息优势掠夺农民利益。依托闲置资源流转交易服务中心，构建真实、开放、全面、公信力强的乡村闲置资源信息发布平台，强化市场供需双方信息发布者的身份验证；探索构建"企业对企业""企业对农户"的流转、合作开发信息平台；依法对资源交易流程进行简化，探索在长/短期租赁、规模流转、直接购买、联合开发等不同交易模式下的闲置资源业务流程，提升农民在资源交易市场中的磋商地位和话语权。三是明确社会资本运营农业闲置资源的法律边界。一方面，针对现实中存在的一些地方"钻政策空子"，借设施农用地之名，行违法用地之实的行为，要对设施农用地的规划安排、选址要求、使用周期，以及结束使用后恢复原状的保障措施等进行明确，以减少再有人"钻政策空子"的可能；另一方面，要充分发挥人民群众的监督作用，以降低监管成本，如设立专门的设施农用地标示牌，接受公众的监督，又如加大设施农用地的信息化建设与管理力度，提高监管效率等。

第八章 工商资本参与"三权分置"改革的行政管理和服务

——基于政府作用发挥视角[①]

党的十九大报告指出，实施乡村振兴战略，要坚持农业农村优先发展，按照产业兴旺、生态宜居、乡风文明、治理有效、生活富裕的总要求，加快推进农业农村现代化；要完善农业支持保护制度，发展多种形式适度规模经营，培育新型农业经营主体。多个中央一号文件强调，产业兴旺是乡村振兴的重点。土地流转是"深化农村土地制度改革"和"发展多种形式适度规模经营"的必要条件，因此也决定了其在乡村振兴中的重要地位。现实中，农地流转尽管需要建立在农户自愿的基础上，但农户往往在流转土地过程中既希望得到来自基层政府的技术、人才、资金、信息、政策等要素的支持和帮助，又出于规避风险的心理，渴望政府能够在流转中做出"承诺"，保障农户土地权益。因此，流转农地的农户对乡镇基层政府的要求是多方面的、具体的。从这个角度上来看，研究政府信任对农地流转意愿的影响及其机制，就有了很重要的现实意义。

第一节 农地流转与基层政府信任的关系

农户在土地流转等经济决策过程中，充分体现了"经济人"在一定的技术和制度条件约束下追求自身利益最大化的行为特征。政府政策作为制度环境的核心部分构成了农户经济决策的外在约束。政府政策对农户经济决策的制

[①] 蒲实，袁威. 政府信任对农地流转意愿影响及其机制研究：以乡村振兴为背景 [J]. 北京行政学院学报，2018 (4)：28-36.（该文为本课题的阶段性研究成果）

约，与农户自发动机形成了农户经济决策的两大关键性因素，并且在一定意义上，可以将这两者理解为农户理性与政府政策的互动博弈过程①。照此逻辑，政府政策就成了农户经济决策模型中的重要解释变量。政策在农户决策中的具体效果体现在农户收益成本曲线及效用曲线中，也反过来受到农户经济行为的制约、影响，甚至因农户经济行为而更改。在彼此反复相互影响后，政府的政策效果则体现在农户对政府的信任上。具体来说，农户的政府信任是指农户对政府机构、政府人员、政府决策和政府行为的心理预期和评价。这种信任不仅意味着村民对权力执掌者的认同和服从，更是基层政权合法性的重要基础和来源②。

与此同时，中国的农地流转与客观存在的城乡二元经济结构紧密相关。伴随着乡村振兴战略的深入实施，中国农地流转的规模将不断扩大、流转速度进一步加快。调研发现，农户流转中的主要形式——转包和出租在农地流转的总规模中的比重已将近80%③。尽管在农村土地制度改革进行过程中，农户在土地流转、经营等方面拥有更大的权力，但是农地流转决策行为始终与政府政策的影响紧密联系，并最终演变成农地流转中的政府信任问题。笔者希望立足于乡镇基层政府，通过分析农地流转中的基层政府信任，探讨乡镇基层政府信任对农地流转决策的影响机理，以探寻扩大农户土地流转进而实现适度规模经营的新的可能。

第二节　数据来源及描述性统计

本书使用中国社会科学院 RenErGo 笔者对山东、湖北、广西、甘肃 4 省 10 县④ 36 村 1 305 个农户进行实地调查的数据和资料，通过统计描述和计量回归等方式来讨论农户的乡镇基层政府信任与农地流转的关系。按照平均每个县调研 2~6 个行政村，尽可能避免选择各县农民人均纯收入排在最前列的 30% 和

① 曹阳，王春超，李鲲鹏.农户、地方政府和中央政府决策中的三重博弈：以农村土地流转为例 [J].产经评论，2011 (1)：80-88.

② 谢治菊.村民政治参与及其对基层政治信任的影响分析 [J].广东行政学院学报，2012，24 (6)：43-49.

③ 因此本书所涉及的"农地流转"指"转包"和"出租"两种形式，不涉及农地的非农使用情况。

④ 10个县分别为山东省的临邑县、临朐县、青州市、德州市德城区，湖北的恩施市、建始县，甘肃的榆中县、泾川县，广西壮族自治区的马山县、合浦县。

排在最靠后的30%的村庄①，在每个村随机抽取大约40个农户进行问卷调查。按照以上方式，该课题组一共获得了36个村1 305份有效调查问卷。

调查问卷中设置了农户对不同对象信任程度的选项，即让被调研农户填写对"兄弟姐妹、同村熟人、亲戚、乡镇基层政府官员、陌生人、父母、宗教人士、邻居、外村熟人、同学战友、子女"这11类对象的信任程度，以百分制（0~100分）作为计分方式，0为完全不信任，100为完全信任。调研中发现，100%的农户对中央政府持信任态度；从对地方政府的信任来看，将近50%的农户分不清省级政府、地市级政府、县级政府的具体职能，也无法对其信任度做出判断；但是97.3%的农户能清楚地说出乡镇基层政府的职能，以及自己的满意程度和信任程度，故而本书聚焦乡镇基层政府进行研究。1 305个农户对不同对象的平均信任程度如表8-1所示。

表8-1　农户对不同对象的平均信任程度

	兄弟姐妹	同村熟人	亲戚	乡镇基层政府官员	陌生人	父母	宗教人士	邻居	外村熟人	同学战友	子女
信任程度	87.95	75.30	80.85	71.41	21.01	95.38	26.47	75.83	61.35	73.92	91.52

从表8-1中可以发现，农户对"父母"的信任程度最高，为95.38；对"宗教人士"和"陌生人"的信任程度最低，仅为26.47和21.01；对"乡镇基层政府官员"的信任程度在所有相关人群中排第8位，分值为71.41，远高于排名其后的"外村熟人""宗教人士""陌生人"。研究进一步分析了不同省份农户对乡镇基层政府的信任情况，如表8-2所示。

表8-2　不同省份农户对乡镇基层政府的平均信任程度

	山东	湖北	甘肃	广西
对乡镇基层政府的信任程度	83.03	74.77	70.93	70.01

如表8-2所示，农户对乡镇基层政府的平均信任程度所呈现的趋势为，东部的山东明显高于中部的湖北和西部的甘肃、广西，且中部省份湖北高于西部省份甘肃、广西。

---

① 避免选取农民人均纯收入排在最前列的30%的村庄的主要原因是，这些区域聚集于城区周边，不少农地被规划为了"农用地转用"，涉及转用后的征地补偿问题，因此该类土地流转的情况非常复杂；避免选取农民人均纯收入排在最后30%的村庄的原因是，此类区域土地可能地理条件较差，农民希望流转出土地，但土地吸引力不足，导致供大于求，致使农民土地的流转结果与其流转意愿之间存在较大差异。

从农地构成的角度来看，我国耕地大致分为水浇地和旱地，四个省份水浇地、旱地出现农地流转现象的农户比重如表8-3所示。

表8-3　水浇地、旱地出现流转现象的农户比重

省份	农户数/户	农地租入/%		农地租出/%		既有农地租入也有农地租出/%		无农地租赁/%		比重/%	
		水浇地	旱地	水浇地	旱地	水浇地	旱地	水浇地	旱地	水浇地	旱地
山东	392	13.78	0	2.55	0	0.77	0	77.81	100	100	100
湖北	298	6.38	26.85	3.02	5.37	0	0	90.60	67.79	100	100
甘肃	307	4.23	14.66	7.82	8.14	0	0	87.95	77.20	100	100
广西	308	8.12	12.34	7.14	3.25	1.30	0	83.44	84.42	100	100
平均比重（总数）	(1 305)	8.51	12.49	4.98	3.91	0.54	0	84.44	53.56	100	100

从表8-3中看出，除在山东调研的农户未出现旱地的流转以外，其他3个省份都存在水浇地、旱地流转的情况，其中湖北省租入旱地的农户比重高达26.85%。为了能够在下文中更好地对农地流转现象进行分析，我们将各农户水浇地和旱地的流转数量进行加总，农地流转不再区分水浇地和旱地，并将水浇地、旱地地租的加权平均数作为加总后农地流转的地租。加总后各省农地流转的情况如表8-4所示。

表8-4　农户农地流转的数量和比重

省份	农户数/户	农地租入		农地租出		既有农地租入也有农地租出		无农地租赁		比重/%
		数量/户	比重/%	数量/户	比重/%	数量/户	比重/%	数量/户	比重/%	
山东	392	54	13.78	10	2.55	3	0.77	325	82.91	100
湖北	298	84	28.19	19	6.38	1	0.34	194	65.10	100
甘肃	307	58	18.89	48	15.64	1	0.33	200	65.15	100
广西	308	88	28.57	25	8.12	7	2.27	188	61.04	100
平均比重（总数）	(1 305)	(284)	21.76	(102)	7.82	(12)	0.92	(907)	69.50①	100

---

① 此处无农地租赁的比重为69.5%的意思是无农地流转的土地占全部农业用地的69.5%，这是将各农户水浇地和旱地的流转数量进行加总的结果。因此从数值上不等于无农地流转的水浇地比例84.44%和无农地流转的旱地比例53.56%的平均值。

如表8-4所示，从农地流转表现形式的角度来看，四个省份农地租入所涉及的农户比重较大，其21.76%的比重显著高于农地租出的7.82%。从理论上来说，发生农地租出的农户数应该等于发生农地租入的农户数，出现如表8-4中所示农地租入、租出所占比重差异较大的原因可能有：①每个村的农户样本为随机抽样的结果，且抽样数小于全村农户总数，因此可能在抽样中遗漏了较多有农地租出的农户；②在调研过程中发现，租出土地的农户认为自己的农地使用权属于无偿转移给他人，因为所收取的年地租非常少可忽略不计，例如30元/亩，但该土地的租入者则认为该土地并非为无偿使用，而是以租金（尽管较少）或实物进行了支付。

在全部的1 305个农户中，农地既租入又租出的情形只发生在极少数农户中，发生的比例很低，共计不到1个百分点。土地既租入又租出情况的出现可能是因为农户有着集中土地的动机（通过同时租入、租出农地以方便集中完成耕种，甚至实现规模化经营），同时也有可能是租入优质土地并租出劣质土地等造成的。

在全部农户中，流转农地的农户数为398户，年平均地租为198元/亩，最低为30元/亩，最高为720元/亩。其中以山东为代表的东部地区地租年平均值为254.93元/亩，高于以湖北为代表的中部地区的170.38元/亩，以及以甘肃、广西为代表的西部地区的193.07元/亩。

第三节　乡镇基层政府信任对农地流转影响的实证分析

本书进行了乡镇基层政府信任与农地流转关系的统计分析，通过将乡镇基层政府信任与农地流转类型结合在一起进行分析，得到如表8-5所示的结果。在全部1 305个农户中，"既不租入又不租出农地"的农户数为907户，农户对政府的平均信任程度为69.9；"既租入农地又租出农地"的农户数仅有12户，农户对政府的平均信任程度为72.1；"只租入农地"的农户数有284户，农户对政府的平均信任程度为76.7；"只租出农地"的农户数为102户，农户对政府的平均信任程度为82.5。

表 8-5　农地流转类型与农户乡镇基层政府平均信任程度

农地流转类型	农户数/户	农户的乡镇基层政府平均信任程度
既不租入又不租出农地	907	69.9
既租入农地又租出农地	12	72.1
只租入农地	284	76.7
只租出农地	102	82.5

从表 8-5 直观来看，只租出农地的农户对政府的信任程度最高，高达 82.5；只租入农地的农户对政府的信任程度次之，达到了 76.7；仅从数据上来看，不发生任何农地流转形式的农户对政府的信任程度最低，仅为 69.9。因此，从统计分析的结果来看，农户对政府的信任将促进农地流转行为的发生。

进一步地，运用 STATA 10.0 软件对实证模型进行简单的回归分析。在研究农户的乡镇基层政府信任对农地流转的影响时，我们梳理出可能对农地流转产生影响的变量集，并设定模型如下：

$$R = \text{Trust} + \alpha_0 + \alpha_1 Z^h + \alpha_2 Z^q + \alpha_3 \bar{A} + \alpha_4 Z + \varepsilon \qquad (8-1)$$

R 代表净转入土地与最终实际使用土地的比重，即 $R =$（租入农地－租出农地）/（农户从集体承包农地＋租入农地－租出农地）。从理论上来说，R 的取值范围为（$-\infty$，1），其中，当农户将农地全部租出且无农地租入时，$R = -\infty$，本书处理 $-\infty$ 的方式为，令其等于在所有发生农地租出的农户中租出了土地但并未全部租出的 R 最小值。

Trust 代表农户对政府的信任程度（0~100 分，分数越高，信任程度越高）。

Z^h 代表农户特征变量，如年人均纯收入、非农就业收入等。

Z^q 代表农户固定变量，如农户地域因素、平均受教育程度、男性所占比例等。

$\bar{A}$ 代表农户拥有的农地禀赋，用人均承包地面积来代表。

Z 代表制度因素，用农地流转保障来表示（是否签订纸质流转合同）。

α_0，…，α_4 代表待定系数。

ε 为误差项。

四个省份农户总数为 1 305 户，发生了农地流转的农户共 398 户，与模型相关的被解释变量和解释变量的统计描述如表 8-6 所示，其中被解释变量为农地转入净值与最终实际使用农地的比值。

表 8-6 模型各变量的统计描述

	变量	观测值	平均数	标准差	最小值	最大值
被解释变量						
农地转入净值与最终实际使用农地面积比值	R	1 305	0.05	0.34	-4	1
解释变量						
农户的乡镇基层政府信任程度	Trust	1 305	75.23	24.62	0	100
农户中男性占比	Z^q	1 305	0.53	0.15	0	1
平均教育水平		1 305	7.29	2.34	0	20
非农工资收入	Z^h	1 305	1 330.05	1 543.40	0	9 000
年人均纯收入		1 305	4 785.54	5 217.33	222.22	42 500
人均耕地面积	$\bar{A}$	1 305	1.55	1.41	0	20
农地流转合同签订(是=1)	Z	398	0.67	0.47	0	1

表 8-7 显示了农户的乡镇基层政府信任对农地流转影响的回归结果，从中可以发现农户的乡镇基层政府信任与农地流转行为之间有显著关系。从访谈结果来看，农户一般认为政府信任是一个长期的综合积累的村民评价，因此具有内生变量的特征。从这个意义上来说，政府信任与农地流转之间显著性的关系就可以近似认为是政府信任对农地流转行为的显著影响。进一步地从数据上来看，伴随着农户对乡镇基层政府信任程度的提高，农地转入净值与最终实际使用农地的比值将显著降低，这意味着农地租出的可能性越大，即农户的乡镇基层政府信任越高，越倾向于租出农地。

表 8-7 农户的乡镇基层政府信任对农地流转影响的回归结果

解释变量	农地转入净值占最终实际使用农地的比值
农户的乡镇基层政府信任程度（Trust）	-0.000 880 ***
	(0.000 290)
地区虚拟变量	0.014 1 *
	(0.008 31)
农户中男性占比（Z_1^q）	0.115 *
	(0.060 3)
平均教育水平（Z_2^q）	-0.006 95
	(0.004 33)

表8-7(续)

解释变量	农地转入净值占最终实际使用农地的比值
人均承包地面积（$\bar{A}$）	−0.019 8***
	(0.006 68)
农地流转纸质合同签订（Z）	0.129***
	(0.023 9)
非农工资收入（Z_1^h）	−0.000 826
	(0.000 608)
年人均纯收入（Z_2^h）	0.003 68**
	(0.001 81)
常数项	0.036 6
	(0.058 3)
观测值	1 305
拟合系数	0.146

注：***、**、*分别表示在1%、5%、10%的水平上显著。

第四节　对政府信任影响农地流转意愿的机制分析

实证分析验证了在影响农地流转的大量直观因素中，农户的乡镇基层政府信任程度是一个显著变量，即伴随着农户对乡镇基层政府信任程度的提高，农地租出的可能性增大。然而，从以上实证中也能较为清晰地看到，在土地流转各项因素中，政府信任总体上对土地流转的影响程度相比人均承包地面积、年人均纯收入、农地流转正式合同签订等指标来说仍然偏低。为了厘清政府信任影响农地流转意愿的机制，如果继续考虑实证方法，在调研变量的选取、农户对调研变量理解的一致性、补充调研与首次调研的数据时间差异处理等方面都存在较大的困难。

因此，该课题组从1 305个农户中采取随机抽样的方式，重新就政府影响农地流转意愿的相关情况对100个农户进行了补充调研，确定了农户认为确实是政府信任造成农地流转出现意愿差异的三对主要矛盾（评判标准为对于每对矛盾，有半数以上的农户认为影响很大）。此后，该课题组聚焦三对矛盾，与这100个农户展开了深度访谈，在此基础上梳理了政府信任影响农地流转意愿的框架逻辑和作用机制。

一、政府土地流转动力强与农户土地流转激励弱之间的矛盾

农地流转是农业适度规模经营的必要条件，也是乡村振兴战略中"农业农村现代化"的基础和前提，因此农地流转的规模、速度等往往成为乡镇基层政府追逐的"政绩工程"。特别是2016年农村土地承包经营权"三权分置"改革在全国落地推广以来，农地流转再次进入高潮。

从样本农户的调查情况来看，94%的农户反映基层政府、村集体都曾鼓励他们进行农地流转，主要理由是"在乡镇联系下，经营者已经有了流转土地的意向，如果某某农户的土地不流转，就不能集中连片，对经营者的吸引力就弱了"，并表态农户获得的收益将会有"土地流转租金，在经营者所创办的企业或家庭农场打工收益，以及出去比普通务农高得多的务工收益"。乡镇基层政府工作人员也表示，"土地连片流转不仅能让经营者的平均生产成本降低，更倾向于引进良种和先进技术，并且适度规模经营面积越大，获得来自上级政府的补助和关注就越多"。此外，该工作人员还表示，即使是一般农业用地流转，也可以根据国土政策在流转的农地中配套3%~7%的设施用地，不管是用作乡村旅游还是事实上的建设用地，都能够对当地经济带来较大的推动作用；即使出现了纠纷，责任追究下来，推动经济发展的"功"也会抵消流转引导不力造成的"过"。

在"政绩优先"的风向标指引下，乡镇基层政府就容易出现身份角色错位、公权力滥用两种问题，从而使得农户对基层政府组织的信任感逐渐消失。第一，身份角色的错位。在某些样本地区，基层政府工作人员不仅作为农地流转的引导者，还成为"介入人"获得转入农地的经营者的物品、金钱等"感谢费"①。第二，公权力的滥用。由于文化程度不高、对法律和政策不了解等客观原因，农民在农地流转过程中往往成为弱势群体，即使不愿意流转、不满意报酬，也会在"这是上边政府的规定"的搪塞中无奈参与农地流转。

政府对农地流转的"高温"往往遭遇农户参与流转的"冷脸"，主要原因是：第一，农户农地流转的费用不高，即使在中部省份地区或较发达区域近郊，无论是"以地入股"加入土地股份合作社，还是土地租赁，流转租金都只能达到1 000元/亩，相比于非农的年打工收益来讲更是杯水车薪。第二，农地流转后，很难像宣传的那样成为土地经营的"决策人""参与人"，充其量在农

---

① 某调研地区为了鼓励实现适度规模经营，规定流转面积在100亩以下的，每亩有100元耕保基金；流转面积越大，每亩补助的耕保基金越多。当流转面积超过5 000亩时，耕保基金更高达每亩500元。

忙时以"天天工"（工资按日计算）的形式帮忙采摘。农户普遍表示，除了流转租金外几乎没有其他收益，这造成了他们宁愿土地抛荒、撂荒也不愿流转出去。

如图 8-1 所示，在土地流转之前，政府因政绩考核形成的巨大流转动力，往往遭遇农户因收益低而形成的农地流转低意愿。一旦乡镇基层政府工作人员行为、言语过激，就会造成农户对政府公信力的下降①。

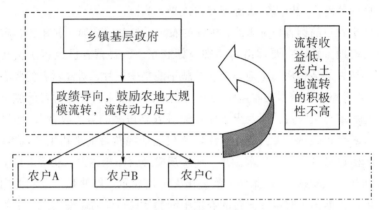

图 8-1　农地流转的政府积极性与农户消极性

二、征地补偿中农户与经营者之间的赔偿矛盾

从对样本农户的深度调查来看，由于法律法规知识的欠缺，农户面对法律纠纷时往往妥协、退让、恐惧。而农地流转后征地赔偿造成法律纠纷的案件比比皆是，农户认为"法律纠纷的判决是政府行为"，担心政府容易站在"经营者立场"造成自己征地补偿严重损失，而不敢或不愿流转土地②。反之，若没有转出土地，则"征地补偿时自己大大方方提诉求，不管赔多少钱都是自己的，没有落进别人的腰包"。

事实上，农村土地承包经营权"三权分置"制度实施以后，农户享有"承包权"，经营者享有"经营权"，但发生征地后的补偿费分配方式尽管比较清楚，但农民心理难以接受：

第一，青苗补偿费的分配。在实际情况中，青苗在流转以前属于农户，则青苗费赔偿给农户；若青苗由经营者栽种培植，则青苗费赔偿给经营者。

第二，附着物补偿费的分配。地上附着物主要是指房屋等建筑物和其他构

---

① 郑建艇. 提升乡镇政府公信力研究 [J]. 中共福建省委党校学报，2008（12）：58-63.

② 何莉. 法院审理征地补偿款分配纠纷案件的司法困境及其解决研究 [D]. 兰州：兰州大学，2016：38-40.

筑物。对被依法认定为违法建筑等的地上附着物，有关部门在征地时可以不予征收补偿。而对于正常的建筑附着物，如果地上附着物是由承包者即农户修建的，在土地流转时未约定使用权的，补偿费归农户所有；如果土地流转时约定由经营者取得附着物所有权的，赔偿费给经营者。焦点在于，按照一般农业用地和配套设施用地的规定，经营者可在设施用地上建造仓储、加工、冷链等功能用房，在赔偿时这些设施用地获赔标准比一般的农房等附着物补偿费高得多，农户心理上不容易接受。

第三，土地补偿费。我国法律规定的土地补偿费除了包含对集体土地所有权丧失的补偿外，还应包括对土地承包经营权丧失的补偿。此外，按照《中华人民共和国物权法》和《中华人民共和国农村土地承包法》的规定，土地承包经营权还是一种物权，因而对土地承包经营权的补偿还是一种对物权丧失的补偿。在实际中，若认定农地流转是经营权的债权性流转，则经营权是一种债权性权利，属承包地的债权性利用方式，则经营者不是补偿权利人，其无权请求土地补偿费。但是，若认定经营权是物权性流转，则经营权是物权性权利，经营者有权请求土地补偿费。目前，经营权越来越多地被认定为物权，因而请求获得土地补偿费的经营者越来越多，这在一定程度上和承包者（农户）形成了竞争，农户容易在可能少获得赔偿的情况下对"政府"（实际上是法院）的判决产生不满情绪[①]。

事实上，对普通农户而言，"债权性"和"物权性"等法律术语不容易搞懂，为了规避流转后征地所形成的法律纠纷，容易选择不流转甚至抛荒。这种情况下，农户认定赔偿给自己的费用是"法律规定的"，无论多少都能接受。

三、流入方希望流入优质农地与流出方希望流出劣质农地的矛盾

在区域条件较为偏远、自然条件相对恶劣、农户居住较为分散的部分农村地区，基础设施条件成为制约农业增效的关键要素。从土地流出方来说，农户更愿意流转那些在灌溉、道路设施等方面条件较差的地块；从土地流入方来说，经营者更愿意流转区域位置较好、水利设施较为完善、机耕道能够正常承载机械的条件较好的地块从事规模经营，以提高土地的产出率。土地的流出方和流入方都以自身利益为出发点，而有责任完善基础设施的"政府"就成了受苛责的对象[②]。

---

① 朱玉龙. 中国农村土地流转问题研究 [D]. 北京：中国社会科学院研究生院，2017：27.

② FENG S Y. Land rental market and off-farm employment：rural households in Jiangxi Province [D]. Netherlands：Wageningen University，2006：23-25.

此外，从基层政府对土地流转的服务保障来看，当农民受政府引导将土地流转出去以后，为了更好实现规模经营，往往在平整土地后出现"土地边界虚化"的情况，农户"确权确股却不确地"，造成经营者跑路后原农户很难重新在原有土地上耕种，而只能寄托政府重新寻找新的经营者。在很大程度上，农户与经营者的关系演变为农户与政府的关系，政府成了经营者的"代言者"，农户一有不满就容易对政府行为产生怀疑，并降低政府信任度。

　　另外，在政府引导流转土地时，由于大多数农户对流转价格都有一个逐年向上的预期，他们更愿意签订短期流转合同，而经营者更倾向于签订长期流转合同。当最终达成"按年付租"协议时，由于土地经营权不稳定，经营者对于道路、水渠、机井等农田基础设施的投资积极性不高，对于购买大型机械、施用农家肥培育地力的动力也不强，从而对农地产出率的提高形成了阻碍。甚至于，土地流入方会栽种短期利益最大、长期损害地力的经果林，对土地进行掠夺性利用。

　　事实上，无论是出于基础设施完善方面对政府的指责，还是在政府引导流转后面对地力急剧降低的问题，农户都会认为政府具有很大责任。农户认为自身的利益受损是基层政府不尽责或监管不力的后果，从而降低对政府的信任度。农地流转中乡镇基层政府信任的逻辑框架如图8-2所示。

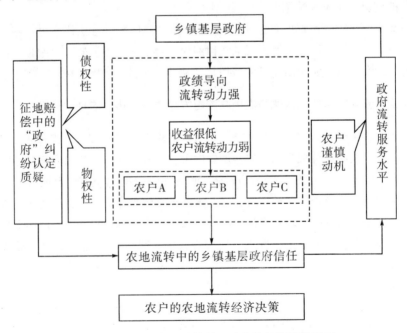

图8-2　农地流转中乡镇基层政府信任的逻辑框架

第五节　提高土地流转中基层政府管理服务能力的建议

乡村振兴背景下，农地流转是产业兴旺的基础，也是实现农业农村现代化的前提。笔者基于实地调研，试图从"信任"的维度分析政府信任对农地流转意愿的影响。研究表明，乡镇基层政府信任确实对农地流转行为有着显著的影响，进一步地从数据上来看，伴随着农户对乡镇基层政府信任程度的提高，农地租出的可能性增大，即农户的乡镇基层政府信任度越高，越倾向于租出农地。基于对样本农户的深度访谈，笔者发现政府信任对农地流转意愿的影响主要产生于流转之前、流转之中和流转之后三个层次：①土地流转前，政绩考核要求造成政府土地流转动力很强与实际收益低造成农户土地流转激励弱之间的矛盾；②土地流转中，因政府基础设施投入等服务不足造成流入方希望流入优质农地与流出方希望流出劣质农地的矛盾；③土地流转后，若出现征地补偿时农户、经营者可能出现的赔偿争议与农户不发生土地流转时的简单利益诉求之间的矛盾。

基于以上研究结论，本书提出以下建议：

一、基层政府应尊重农民主体地位，不过度干预土地流转

当前的农地流转涉及的主体包括基层政府、农户、村集体、其他经济组织等，从各主体的经济和法律地位来看，农户居于被动决策地位。因此，在乡村振兴进程中，要进一步确立农户在农地流转中的主体地位，不宜简单地通过行政命令或政治任务等形式一味追求流转的速度、比例和规模。基层乡镇政府在提供信息、平台、协调等基础上，由第三方平台组织进行具体引导，不宜过度干预流转结果。同时要避免因政绩导向造成农地过度集中，超出了"适度规模"的范围。

二、引入第三方力量解决土地流转纠纷

乡村振兴战略实施后，将会新增大量因流转后征地而形成的纠纷，乡镇基层政府要顺利落实"三权分置"制度，必须借助第三方推动解决大量且复杂的农村土地纠纷。根据现行法律法规，解决土地纠纷的方式主要有当事人自行协商、行政调解、行政仲裁三种。若主要由基层乡镇政府承担纠纷解决工作，不仅容易给农户增加"裁决不公"的可能，有损政府公信力，也难免出现成

本高、效率低的状况。因此，可以探索以现行纠纷解决方式为基础，考察选定具有相应能力的律师事务所或其他机构，赋予其土地流转行政调解和行政裁决职能，及时有效解决土地流转纠纷。

三、加强政府对土地流转的服务保障

农地流转为农村土地经营权交易双方之间的市场行为，要有限度地引导农民参与和利用市场化机制。当前的农村土地还承载着较强的社会保障功能，因而政府的积极引导无可厚非，但必须明白，政府绝不能过度介入，而是应在完善土地流转市场服务体系、加强基础设施建设等方面为土地流转营造良好的市场环境。

第九章 工商资本参与"三权分置"改革的农民土地利益保障机制建构

农地"三权分置"改革的重要目标是维护农民土地利益，本章将系统分析农民土地利益的基本构成，并在此基础上总结梳理当前农民土地收益保障面临的三大困境，并提出解决路径。

第一节 农民土地利益的构成

以现代土地产权理论为基础，再结合相关法律法规，本书认为，农地流转中，农户的土地权益是和家庭承包制相关联的与普通物权性质的无差别的承包经营权，以及经由土地承包经营权派生出来的与土地相关的权利总和①。同时，从"三权分置"出发，农村土地的承包者，也即原来意义上的享有农村集体土地的农村居民，在土地上享有的权利主要有承包权、经营权和流转处置权。而这样的土地权利构成为实现"落实集体所有权、稳定农户承包权、放活土地经营权"的"三权分置"目标，打下了良好的基础。

一、农村集体土地承包权

根据《农村土地承包法》，依法取得农村土地承包权的农村居民有一个前置条件，即取得承包权的农村居民须是农村集体经济组织中的农民家庭。在满足这一前置条件的背景下，农村居民就应获得农村土地的承包权，任何组织或

---

① 宋志红. 三权分置下农地流转权利体系重构研究 [J]. 中国法学，2018 (4)：282-302.

个人不得加以限制。也即我国农村集体土地的承包经营权的权利主体必须是农村集体经济的成员，只有拥有了这样的一种身份，才能与农村集体经济组织签订土地承包合同，依法取得农村集体土地的承包权，并受到法律保护①。当下，对这一观点表示赞同的有部分专家学者，他们认为只有拥有农村集体经济组织成员的这样一种身份，农户才能承包村集体的土地，继而享有土地承包权，这种身份性权利是农户承包土地的权利资质和农地承担农村社会保障功能的象征。

在大力推进乡村振兴战略背景之下，农民作为农村集体经济的成员，依法获得土地的承包权，而这一权利是其作为集体经济成员的重要特征之一。在我国的现行背景之下，农村土地的承包权是完善农村集体土地的承包经营制度的基础，同时也是我国农村社会稳定发展的重要基石。基于此，党中央明确规定在第二轮土地承包到期后，在原来的基础上，将承包期再延长30年。最近的关于农村集体土地承包的中央文件，是2019年11月由中共中央印发的《关于保持土地承包关系稳定并长久不变的意见》。在这份文件中，中央明确提出"要长久保障和实现农户依法承包集体土地的基本权利"，旨在稳定农村集体土地承包关系，进而实现我国农村社会的稳定发展。在这样的背景之下，我国农村居民依法取得的土地承包权，在书面上表现为农村居民与农村集体经济组织签订的土地承包合同。但是，在法律上，土地承包权是依法取得有关承包土地的使用、收益的权利，是农村居民作为集体经济组织成员而享有的权利，这种权利与其特定身份不可分割，与此同时，农户还享有对承包地进行土地流转并获得收益和征收补偿的权利。因此，农户的土地承包权是一种用益物权，在农地"三权分置"和土地承包政策背景下，可以充分保障农民的身份利益。同时，土地承包权也是农民作为土地承包方，拥有土地经营权、流转处置权的重要基础和前提条件。在目前的法律和政策框架下，维持土地承包关系长久稳定，就可以使农户的土地承包权得到长期保障，进而加强对农户土地承包权的物权保护②。

二、农村集体土地流转处置权

从我国推行农村土地"三权分置"出发，有关部门的初衷是推进农业现代化，其中的重点是要形成现代化的农业经营主体。完成这一目标的应有之义

---

① 陈小君."三权分置"与中国农地法制变革 [J]. 甘肃政法学院学报，2018（1）：22-33.

② 郑志峰. 当前我国农村土地承包权与经营权再分离的法制框架创新研究：以2014年中央一号文件为指导 [J]. 法学，2014（10）：82-91.

就是使原来的农村土地能够流转起来，最终达成适度规模经营的目标。这样才能厚植培育现代化的农业经营主体的土壤。为了完成这样的目标，在 2016 年 10 月，中共中央印发"三权分置"的有关意见，对农村集体土地流转做了指示和规定，其中就包括允许农村土地承包方依法流转土地经营权并取得相应的收益。而对承包方是否愿意流转土地以及以什么样的方式流转土地，需要尊重承包方的意愿，任何组织和个人不得加以限制。

在我国现行的涉农法律以及有关农业、农村的制度政策背景之下，"三权分置"赋予了拥有农村集体土地承包权的农村居民极大的自主权。也就是说，农村土地承包方可以自主选择是否流转土地，流转给何种组织和个人，以及以什么样的方式流转自己所承包的土地。在这样的背景之下，在流转农村土地的时候，农村居民就在很大程度上拥有了流转议价能力。当然，在土地流转过程中，农村土地承包方更多的是考虑自身的实际利益，即会自主衡量流转土地的收益和风险。在这样的基础上，我国在盘活农村土地资源上就前进了一步。农村土地一改家庭分割不能流转的局面，为工商资本下乡、促进农业现代化提供了条件。在这一过程中，"三权分置"也很好地保障了农村居民的现行权利，赋予了农村居民流转的自主权，且流转出去的只是土地的经营权，承包权在农村居民手中，所有权在农村集体手中。在这样的制度安排之下，农村居民在经营土地以产生收益方面有了更多的选择，既可以选择自主耕种承包的农地以产生收益，也可选择将承包的农地流转出去直接获取收益。具体选择何种方式，取决于承包方的考量，也是其使用权利的具体路径，任何组织和个人都没有权力干涉和限制。这样一种方式能够促进农村土地资源的进一步优化配置①。

三、农村集体土地流转收益权

基于我国现行的法律以及"三权分置"的制度安排，农村集体土地中的承包方有自主决定承包土地是否流转以及取得流转收益的权利。在《中华人民共和国物权法》《农村土地承包法》等法律法规的规定下，农村集体土地的流转收益归承包方所有，所有涉及农村土地流转的利益关联方不得以任何名义截留、扣缴。此外，近年来，"两办"印发的有关农村土地流转的文件也对承包方稳定地获得土地流转收益做出了详细的规定和说明。

本书认为，作为承包方的农村居民通过流转其土地经营权所享有的获取经

---

① 李宁，张然，仇童伟，等. 农地产权变迁中的结构细分与"三权分置"改革 [J]. 经济学家，2017（1）：62-69.

济收益的权利，就是农户的土地经营的流转收益权。从理性的经济人角度出发，对于作为土地承包权人的农户而言，在土地流转过程中，其最关注的往往是如何实现自身利益最大化。正是由于这个原因，农户基于流转土地经营权后取得经济收益的预期来自主决定土地的流转①。而能否取得预期的土地经营权流转收益，由两个标准来衡量：一是整个土地流转市场的完善状况以及确定土地流转的双方或多方参与的价格形成机制，它们共同决定了土地经营权是否合理。二是随着市场上供求双方的变化，其成交价格也会随之发生变化，其在价格上的变化也会反映出流转经营权是否合理，虽然《农村土地承包法》规定土地经营权流转的价款应由流转双方协商确定，但是在实践中土地经营权流转的价款还受其他因素影响，特别是应当体现土地要素价值的变化空间，在针对长期流转时，应充分考虑通货膨胀和土地增值收益等因素，再建立适当的土地流转价格浮动机制。因此，要在农地流转中最大限度地保护农村居民的利益，不能只看到土地流转中的当前利益，还应根据流转经营的土地种植情况，摸清其升值空间，据此调整利益分享机制，力求使农村居民在长期中也能分享土地流转带来的收益。也即只有将农村居民的当前利益和长远利益相结合，充分考虑利益的分享机制，才能保障农村居民在土地流转中利益的最大化。

第二节　农村居民土地流转面临的问题

从促进农村土地流转的实践来看，尽管在顶层设计方面，有相当丰富的文件规定通过农村土地经营、流转来促进农村土地实现适度规模化经营，提高农村土地利用效率，加快我国农业现代化的步伐。但就现实情况来说，作为承包方的农户在农地流转中土地承包权、土地经营的流转处置权和土地经营的流转收益权的保障难以实现，造成了诸多与农户承包土地、土地经营权流转相关的土地纠纷和矛盾。基于此，本书认为，从制度层面出发，我国的涉农法律以及政策法规在保护农村居民流转承包土地时面临着一些现实问题。

一、平衡农民身份转变与稳定土地承包关系

从我国农村土地承包经营制的演进脉络来看，国家出台的文件一直都是要

---

① 郑万军. 城镇化背景下农民土地权益保障：制度困境与机制创新 [J]. 农村经济，2014 (11)：22-25.

求稳定农村土地的承包关系，进而稳定农村社会。这也可以看出，稳定农村社会中极为重要的一环是稳定农村集体土地的承包关系，这就需要考虑在城镇化的浪潮中，我国农村居民的身份变动。历次关于我国农村土地承包关系变化的中央文件精神皆是要保障农村居民的承包方的权益不受侵害。比如，1997年，中共中央印发了《关于进一步稳定和完善农村土地承包关系的通知》，首次明确我国农村土地在第一轮承包期到期之后自动延展一期，即再延长30年。再比如，2019年11月，中共中央再次出台文件，为了促进农村土地承包关系长久不变，再次将承包期延展一期，即在原来的基础上，农村居民的土地承包期限再延长30年。从文件精神不难看出，我国农村土地承包制度变革的首要之义就是保障承包居民的权益不受侵害，就现阶段而言，这也是促进农村土地流转、盘活农村土地资源的应有之义，为农村居民免除后顾之忧，激发其流转土地的愿望①。本书认为，农村集体经济组织成员的身份是农户土地承包权获得的基础，由于城镇化进程的加剧，大量农民进城安家，相应的户口也转变为城镇户口。农民随着进城落户，也丧失了农村集体经济组织成员的身份，因此作为农村集体经济组织成员的资格也就相应消除，也就不再具有农村集体土地承包的资格。但根据我国现行的《农村土地承包法》的规定，在30年的承包期到期之前，尽管农村居民的身份发生变化，但依然不改变其在剩余承包期限内对土地的承包权益。也即，在剩余的农村土地承包期限之内，变更身份的农村居民依然可以行使作为农村土地承包方的相应权益。

但对于变更身份的农村居民，其在城市获得稳定的收入并完成落户的，我国现行的法规也对其做出了相应的调整，即向其宣传现有的政策，积极引导其将承包的农村土地返还农村集体或交于本集体组织中的其他成员，并给予相应的经济补偿。也可按照自愿的原则，引导其积极流转承包的土地。就现阶段而言，我国农村地区的确权颁证工作已经基本结束。这一工作有两方面的意义：一是让农村居民确定性地获得了既有土地的承包权；二是实现了农村土地承包权的物权属性②。在此基础上，即便是进城落户的农村居民将其身份转变成城市居民的依然可以在其剩余土地承包年限内行使土地的承包权，将土地经营权流转给第三方以取得收益，其前置条件是拥有农村土地承包权的农村居民未将土地承包权退还给村集体或转让给本集体的其他成员。但是，尚需研究落实的是，是否给予进城落户的原农村居民以下一轮的土地承包权。与此同时，第二

① 张应良. "三权分置"与"长久不变"的政策协同困境与破解 [J]. 改革，2017（10）：127-131.

② 韩长赋. 中国农村土地制度改革 [J]. 农业经济问题，2019（1）：4-16.

轮土地承包期到期之后的延展承包期的具体细节政策也尚未出台。基于这一现实情况，即进城落户的农村居民占据农村土地承包权，而新出生的农村人口却由于土地的不可增加性而无法取得土地承包权限，如何使新出生的农村居民依法平等地享有农村土地承包权，这是一个十分现实且有相当丰富意义的问题。有鉴于此，笔者认为，在考虑到中央维持农村土地承包权长期不变的初衷的前提条件之下，未变更农村居民身份的承包方依旧在现行政策框架下获得相应的土地承包权益。而对于进城落户并取得稳定收入来源的农村居民，由于其已经丧失了农村集体经济组织成员这一身份，在完成第二轮土地承包之后，在开始下一轮土地承包之前，应由村集体收回其土地承包权限，转而将其分配给本集体新出生的人口。笔者认为，这样的农村土地承包权获取制度才符合我国农村的现实情况，才能维持农村土地承包关系的长期稳定，进而维持农村社会的长期稳定。这样的考虑有两方面的原因：一是如果继续让进城落户的农村居民占据农村土地承包经营权，势必会导致本集体的新出生人口无法获取土地承包权；二是流转农村土地也会面临一定的经营风险，如果承包制度不清晰，势必会导致经营权的模糊。同时，这样的农村土地承包权制度安排，会进一步强化土地所有权是土地承包权的前提和基础，进一步明确农村集体经济组织的成员身份，避免农村土地集体所有权被虚置的情况，也保障了农村居民依法平等地享有农村土地承包权。

二、有待健全的土地流转制度与承包方的自愿规范流转

我国逐年推进"三农"领域的改革，健全农业农村的有关制度，对农村土地资源的利用也在逐步强化，表现之一就是农村土地流转使用的规模逐年扩大。长期以来，从我国出台的涉农文件以及政策法规不难看出，我国农村农业的改革目标是要保障农村居民承包土地的权益不受侵害，让每一位农村居民依法平等地享有农村土地承包权，让其在自愿流转承包土地的前提下，最大限度盘活农村土地资源，进一步提高农村土地使用效率，加快实现农业农村现代化发展[1]。所以，农村现有的家庭联产承包责任制是保障农村社会稳定的基础，"三权分置"改革是促进农村土地资源高效使用的有效制度安排，在这样的前提条件之下，要推进农业现代化，打造现代化农业的经营体系，推进农业适度规模经营是必经之路。现行的涉农法律法规，鼓励并支持农村土地承包方按照

---

[1] 王海娟，胡守庚. 农村土地"三权分置"改革的两难困境与出路［J］. 武汉大学学报（哲学版），2019（5）：184-192.

自愿有偿的原则流转土地的使用权，同时国家也依法保护农村土地流转的其他主体的法律权益。

虽然我国从许多方面设计完善了土地流转制度，但问题也在不断出现。此外，尽管各级政府从不同的方面保障农村土地承包权益不受侵害，但是在完善土地流转制度和提升农村居民流转土地积极性方面仍存在提升空间。主要表现在两个方面：其一，在城镇化的浪潮中，我国大量的农村居民转变为城市居民，真正从事农业生产的人口在不断变少。在这种背景下，"三权分置"的制度安排有利于实现农村土地资源的进一步优化配置，大幅减少农村土地撂荒的现象。这对农村土地流转的供需双方都是有利的。对需要将土地流转出去的农村土地承包方，如外出务工人员，"三权分置"的制度安排可将其承包土地的经营权流转出去；而对工商资本下乡需要获得农村土地承包权的各类经营主体而言，取得经营权，发展适度规模经营的现代化农业也是有利可图的。如此就盘活了农村土地资源，逐步改善农村土地撂荒问题，有人耕地种粮，国家粮食安全也能得到有效保障。其二，调研发现，尽管"三权分置"破解了土地流转的制度性障碍，但是在实践中，我国的农村土地流转出现了许多其他的问题。如：有土地承包方想流转土地经营权却无法流转，而不想流转土地的承包方却又被迫流转经营的土地，这就导致农村土地经营权的供需双方无法进行有效对接①。拥有土地承包权的农村居民不能充分实现土地经营权的自由流转，主要有两方面的原因：一方面，地方政府出于规避风险的考虑而出台的限制性政策以及交易平台的建设没有及时跟上供需双方的需求，出现信息不对称等现实问题，这在一定程度上削弱了农村土地承包方流转土地的积极性；另一方面，地方政府机构在推进农村土地流转的过程中存在伤害农村居民利益的现象。可以想象的是，在整个土地流转过程中，农村居民处于弱势地位。尽管国家从多方面保障农村居民的土地流转权益不受损害，但是土地流转操作过程中仍存在基层干部或基层组织急功近利，代替农村居民向流转土地的需求方签订土地流转合同的现象。调研发现，有一些地方盲目追求土地的规模化经营，将整村整组的耕地流转出去，而在这一过程中，存在强迫农村居民流转其土地的现象。此外，不顾农村居民意愿，将土地长期交给经营主体使用，进而改变了土地的使用性质或者进行跨地区的流转等侵害农村居民土地承包权益的现象时有发生，也损害了农村居民作为市场经济主体的地位。这与国家规定的农村居民享有自主决定承包土地流转与否的初衷背道而驰，自然也就无法保障农村居

---

① 郗亮亮. 中国农地流转市场的现状及完善建议 [J]. 中州学刊, 2018 (2): 46-52.

民的土地权益，这对提升农村居民流转土地的积极性毫无益处，甚至还会产生土地流转纠纷，阻碍土地流转进程，影响农村社会的稳定，为农村社会的发展埋下隐患。

三、价格机制有待完善与农村土地财产性价值实现的矛盾

在承包地流转过程中，各利益关联方势必以自身利益最大化为出发点，这其中就包括农村土地承包者自身。在平衡风险和利益的前提下，土地承包者在土地流转过程中，与流转土地经营者之间达成的流转协议势必要最大限度实现自身的利益诉求。在这样的假设条件下，只要满足承包者的利益诉求，一般是可以完成土地流转的，特别是针对已经在非农业生产领域取得稳定收入的农村居民，土地流转的压力较小。但是，在实践中，土地流转的价格没有标准可以依据，背离了流转价格与经营权价格挂钩的定价标准。此外，我国现行的有关土地流转的法律法规对土地流转的价格没有加以详细的规定，也即在法律法规层面上，土地流转价格的形成机制是不完善的。在此背景下，我国农村土地流转价格的确定无法体现出生产经营用的农村土地作为一种生产要素的功能，也就没有体现出相应的物权属性。这就为保障农村土地承包权益留下了漏洞。在借助市场机制调节农村土地资源的过程中，这也造成了相应的困难，也即限制了市场调节作用的发挥，而且有可能侵害农村居民的土地承包权益。

尽管"三权分置"为农村土地流转扫清了制度上的障碍，但是在农村土地流转的实践中，许多因素仍然制约着农村土地的流转。究其根本原因，还是土地流转市场不健全，价格机制不完善，市场发挥作用有限，未能充分激发农村土地承包者的流转积极性。由此衍生出来农村土地承包方的相应权益未得到保障、承包地的财产性价值未实现等问题，而这些问题的解决依赖于土地流转市场的健全，形成公平、公开、公正的土地流转价格机制，以及随着土地经营状况的改变，经营权价格相应改变且反映在土地流转价格上。现行的土地流转价格多是由农村土地承包方与经营方双方协商确定。这种价格确定机制将农村居民的土地流转定价权排除在公共领域之外。这种定价机制随意性相当大，未能真正反映农村土地流转市场的供求关系，也存在着侵犯农村土地承包方权益的可能性。这种协商价格的确定多数依赖其他土地流转价格，未将土地流转价格与土地质量和流转经营的收入相关联，也即这种定价方式缺乏现实基础，这导致农村土地的转出方会成为协商价格的被动接受者，而且此价格也没有充分反映农村土地流转市场的供需关系。十分明显的是，这种价格机制会伤害农村居民的土地承包权益。形成这种农村土地流转局面，大概有两方面的原因：其

一，农村居民由于其自身的文化程度不高，接收外界信息的渠道较窄，也未参与过农村土地的交易，是信息的弱势方。这就使得农村居民在参与土地流转价格制定方面能力不足。其二，在土地流转实践过程中，由于外部力量的干预，尤其是在基层力量不正确的引导之下，侵犯农村土地承包方权益的事件时有发生，此时形成的流转价格会更加偏离市场价值。此外，农村居民普遍维权意识不强，当土地权益受到侵犯时，多数人没有选择用法律手段来维护自己的合法权益，最终导致旨在保障农村居民土地权益的"三权分置"制度，在某种程度上，却成了损害农村居民土地权益的手段。

第三节　农村土地承包权益的保障机制建构

正如前面分析的那样，尽管"三权分置"为农村土地流转扫清了制度上的障碍，但是实践过程中仍然发现了不少问题，尤其是在土地流转过程中，农村居民没有分享到因土地流转带来的农村发展的成果。因此，在更进一步的土地流转交易细节制度设计上，应更加考虑农村居民的权益，使其参与到分享农村发展的成果中来。

一、区分农村居民承包类型以确定权能

我国目前的《农村土地承包法》是一部明确规定农村居民土地承包办法的法律法规。其中明确规定了以农村集体成员为标志，取得农村集体经济成员资格的居民有权获得本集体所有的农村土地，依法获得承包经营权。但在实践中，却有新出生的农村人口无法获得本集体的土地承包权，但是变更农村居民身份去到城市落户的居民却依旧占据着原有的农村集体承包土地的相关权益这样的问题。所以，要使每一位农村居民平等地获得本集体的农村土地承包权，从而解决上述问题，笔者认为，在坚持"三权分置"的制度安排之下，要强化农村土地作为一种生产资料对农村居民的社会保障作用。因此，如果农村居民的土地作为一种生产资料而存在，且其收入来源较为单一，则其承包的土地不应转让，并应充分保障其生产资料的性质，以确保其生产、生活的稳定，保障其土地承包权益①；已经变更农村居民身份在城市取得稳定收入来源的居

---

① 张燕纯，韩书成，李丹. 农村土地"三权分置"的新制度经济学分析 [J]. 中国农业资源与区划，2018（1）：17-22.

民，应引导其流转承包的土地，并充分保障他们对土地的相关权益。但是，也要充分保障农村集体经济新增人口依法平等地享有土地承包权益，应在新一轮的土地承包期开始之前，建立土地承包回收机制，即已经在城镇落户取得稳定收入的农村居民应逐步退出土地的承包序列，也即应强化农村土地集体所有权，强化农村集体经济成员资格。只有取得农村集体经济成员资格的农村居民，在新一轮的土地承包期中才能取得承包土地的权益。只有建立并充分使用土地承包回收机制，才能动态调整农村居民对土地的承包权益，进而充分保障农村居民依法、平等地获得本集体的土地承包权，而已经退出集体经济的居民则不应再被列为农村土地的发包对象。

二、促进土地流转的物权化机制建设

由产权理论可知，只要产权是清晰的，交易费用很低或几乎为零，通过公平的市场机制交换，就总能使交易双方的福利最大化，达到帕累托最优。将这一理论引入土地流转市场，从理论上说，只要保障了土地流转双方的权益，并且明晰了土地流转的各关联方的产权，在自愿且平等的交易机制下，交易的双方就能实现各自的利益最大化。然而这里的产权是一种物权，也就是说，要想产权理论发挥作用，首先得保证农村土地承包经营权是一种物权，也就是须保障其物权属性，从而保障流转各方的权益，进而为促进农村土地流转打下良好基础。在这样的背景之下，笔者认为，在坚持"三权分置"的前提下，结合现阶段农村土地流转的实践经验，如何充分保障土地承包方的权益，将农村土地承包权变成一种财产性权利，从制度上维护农村居民的土地流转主体地位，可从主被动两个方面着手。一是主动方面，农业农村的主管部门联合基层组织定期对流转土地的农村居民进行培训，培训的内容为《农村土地承包法》和其他涉及"三农"的政策法规，或通过村级广播、张贴画报等形式进行土地流转的宣传，目标是使流转土地的农村居民掌握较为充分的土地流转信息，获取充分的农村土地承包权益。二是被动方面，农业农村的主管部门应将培育土地流转的平台组织机构纳入工作范畴，目标是形成土地流转交易的信息发布平台，使流转土地的供需双方都能及时获取土地流转信息，并使信息公开透明。培育这样的平台组织要充分发挥基层组织的职能作用，通过衔接上下，充分披露有关信息，做到信息及时、咨询可靠、预测有效。这样的平台组织机构才有可能充分发挥联结供需双方的作用，科学合理引导农村居民流转其土地经营权，促进农业的适度规模化经营。

三、逐步完善土地流转的价格形成以及适时调整机制

市场在资源配置中要起决定性作用以及更好地发挥政府作用。这其中自然包括农村的土地资源。市场配置资源，价格是其核心部分。不管农村居民采取何种方式流转其土地的承包经营权，都要形成相应的价格。在这样的条件下，逐步完善土地流转的价格形成机制以及适时调整机制就显得尤为重要。对拥有土地承包经营权的农村居民来说，农村土地承担一定的社会保障职能的同时，还是一种生产资料。对于农村居民而言，土地流转的价值由社会保障职能的价值和生产资料的价值构成。因此，只要土地流转价格形成机制合理且科学，充分体现了其社会保障功能和生产资料职能，就可以促进农村土地的流转，也就有益于农村居民实现土地的财产权价值，增加农村居民的收入。从这个角度来看，土地流转价格的走向会深刻影响农村土地流转市场，对农村居民实现土地承包权益、依靠土地增加家庭财产性收入发挥重要作用。因此，农村土地流转应做到不侵害农村集体对土地的所有权、农村居民对土地的承包权，充分体现土地承包权的物权属性，在公平公正的市场交易机制下，由供需双方博弈来确定土地流转的最终价格。对此，笔者认为应从以下几个方面着手来实现这一目标：一是在确权颁证的基础上，综合基层组织设立的土地监测网点信息，在培育的平台机构组织上披露土地流转的相关信息，并适时引入第三方评估服务机构为土地流转做独立的估价。同时也要注重向农村居民发布重要信息，提升其在土地流转时的议价能力，充分保障其权利。也可借鉴城市土地"招、拍、挂"的方式来流转土地，使需要流转土地的多方参与者进行同台竞争出价，实行价高者得。此种方式，在保证需求方充分竞争的同时，也需要对将要流转的土地做规范化的处理。二是农业农村的主管部门为本辖区的土地建立土地流转价值评估体系，使辖区内的土地在流转时有充分的价格确定依据供参考。三是要建立根据经营状况调整土地承包权价格的机制，适时调整土地承包权价格，给予土地承包权以升值的空间。但这种调整方式要充分考虑供需双方的权益，也即价格调整方式在流转合同中应充分体现，合同关联方应充分知晓。这样既保证了农村居民的权益不受侵害，也使得土地经营方有充分的意愿去承包流转出来的土地，进而真正有效促进农业适度规模化经营和农业现代化。

第十章 工商资本参与"三权分置"改革的生产性资本投入促进农民增收机制构建

生产性资本投入是指投入生产、建设等物质生产领域中的投资，其最终呈现是各种生产性资产。21 世纪以来，随着工业化进程的不断加速，我国农业机械化水平呈现出不断提升的趋势，农业经营表现出要素非农化、集约化、专业化的特征。农业投资作为农业发展的主要动力来源，对全面推进乡村振兴战略具有重要的意义。生产性资本投入是农业投资的重要组成部分，可以通过增加农业积累、改变农业增长方式、巩固农业基础地位等渠道来实现农民增收。

第一节 生产性资本投入促进农民增收的研究概况

20 世纪 70 年代末，我国农村经济改革拉开帷幕，家庭联产承包责任制给予了农民充分的自主权；农民拥有了生产资料和土地使用权，对生产性资本的投入不断增加，成了农业投资的基本主体。到 90 年代，虽然农业生产性资本投入的绝对值在增加，增长率却在不断下降，并且农业支出占财政支出的总比重也在下降。产生这一现象的原因主要有两方面：一是由于我国价格体制改革，农产品价格下降、利润过低，农户缺乏对农业投资的信心；二是国家政策过多地向第二产业和第三产业倾斜，农业投资环境相对较差，抑制了个人或企业投资农业的热情。进入 21 世纪以后，农户的自主生产性资本投入仍呈现出不断下降的趋势，政府性投资也难以满足农业发展的需求。实现传统农业向现代农业的系统性转变必须要借助新的、具有现代化特征的农业生产要素。然而，由于农业生产回报率不高、农业投资环境不佳、农民投入热情不足，我国农业生产性资本投入还存在巨大的缺口。当前，如何通过优化生产性资本投入来促进农民增收，从而全面推进乡村振兴成了一个既紧迫又重要的课题。

关于生产性资本投入对农民增收的影响，国内外学者进行了大量研究。国外的研究集中在三个方面：一是农业生产者通过调整成本以获得农业投资的最优回报率。该观点假定在农户投资资金不受限制的情况下，最优资本存量取决于投入品价格、产出品价格和农业生产技术；但也有学者对此持反对意见，认为农户获得的资金是有限的。二是强调资本投入给予农业生产资金和技术支持。该观点认为农业投入需要持续不断的资金和技术支持。支撑发达国家农业持续增长的主要动力是资金投入和技术发展，而欠发达国家农业之所以发展缓慢，则是源于公共资金更多地流向了工业和服务业，进而导致其资金技术投入相对不足。无论处于何种发展阶段，一个国家想要实现农业的健康可持续发展，都必须不断地对农业加大投资。三是政策引导可以增加农业生产者的投资意愿。政府部门对农业生产者的贷款优惠措施会增加农业生产者的投资意愿，特别是对小农户能起到较大的投资促进作用。

国内学者基于中国具体国情以及当前农村发展实际展开了诸多研究，普遍认为生产性资本投入会对农民收入产生促进作用。有学者基于中国农业发展状况，指出除劳动力要素以外所形成的资本对于农业发展是必不可缺的；增加农业资本投入可以拉动农业经济增长，从而促进农民增收。农业生产性资本投入来源主要有以下三个方面：第一，工商资本层面，工商资本下乡是当前农业农村发展的重要资金保障。学者们普遍认为，工商资本进入农业生产领域后，如果想开展规模化经营，必然要将一部分资金转化为生产性投资，提高基础设施保障水平。在工商资本带动下，农业生产条件的改善将产生正向外部性，促进农民实现有效增收。第二，在政府层面，政府投资农业能够有效促进农业经济增长和农民增收。当农业受到某一负外部性因素冲击时，比如恶劣的天气、地质灾害等，其相关投资会减少，市场会出现局部失灵，这样整个社会就难以达到帕累托最优的状态。此时需要政府发挥积极的作用，通过对农业进行干预，实现社会的帕累托改进。基于此，学者们普遍认为，政府在农业上的生产性资本投入与农业经济和农民增收存在显著正向关系。但也有学者指出，虽然政府对农业生产性资本投入总体上呈现上升趋势，但目前投资效率不高，投资结构还无法满足农业现代化发展对于资金投入日益增长的需求。第三，在农户自主投资层面，农民作为农作物的生产者，为了追求自身利益最大化，就会增加农业生产投资以获得较大的边际产出。随着经济不断发展以及社会保障体系的完善，农户投资行为逐步由规避风险、满足生存的安全决策型向偏好风险、追求发展的收益最大化决策型转变，投资的资金主要来源于短期贷款，而非长期借款。学者们认为，农村改革加快了农地确权的步伐，为农民增加生产性资本投入提供了重要保障，但是我国农村存在的一些客观问题也制约着生产性资本投入的提升，比如，农村土地细碎化不利于规模生产，这便导致生产性资本投入具有较低的收益效率。

总体而言，国内外关于农业生产性资本投入对农民收入影响的研究较早，也在不同时期取得了丰硕的研究成果，为本书提供了很多可借鉴的思路。第一，在农业经济发展中，生产性资本投入对农业经济增长起着重要的拉动作用。第二，政府在规模和结构上合理地进行农业生产性资本投入对提升农业效率具有显著作用，对促进农业发展和农民增收具有重要意义。

第二节　生产性资本投入促进农民增收的逻辑机理分析

农业生产性资本投入为促进农民增收创造了良好的条件，二者之间的作用机理主要通过提高农地综合生产能力、促进农业技术进步、优化农村劳动力配置、吸引更多资本进入农村四个方面来实现。

一、生产性资本投入能提高农地综合生产能力

农地综合生产能力是指在特定的时间与区域范围内，在给定的社会生产技术条件下，投入各种农业生产要素所产生的农用地生产能力。已有研究证明，生产性资本投入的增加能有效改善农地的生产条件和基础设施水平，从而提高农地的综合生产能力，达到促进农民增收的目的。

从影响机理来看：第一，生产性资本投入农田水利设施，能在很大程度上改变农业生产的弱质性特征，提高农地经营者应对自然灾害和风险的能力，将土地和农民经营性收入维持在一个稳定水平。第二，生产性资本投入农业机械，通过提高农业生产的工作效率和单位土地的产出规模来增加农民经营土地的收入。第三，生产性资本投入农产品加工等关键环节，延长农业生产产业链，促进农业产业结构的持续优化，增加农业产出的附加值和农民收入。

二、生产性资本投入能促进农业技术进步

农业技术进步是由多种因素共同决定的，其中生产性资本投入是最重要和最关键的因素之一。生产性资本投入农业，为新的农业技术推广创造了良好条

件。一方面，生产性资本通过在良种繁育、施用肥料、病虫害防治、栽培和养殖技术等各个环节进行系统性科技升级，有效提高农业生产的集约化、专业化、智能化水平，促进农业规模经营和增加农业生产效益，最终对农民经营性收入产生积极的影响；另一方面，生产性资本的持续投入让农民在优化资源配置、农业产业链做强做优等领域的积极性显著提升，倒逼农民在农业科技培训、实用技能学习等方面持续发力，有助于农民掌握更多的农业科技新项目、新品种、新技术、新方法和生产效率提升，以更好地满足市场对绿色、生态、无污染和多样化的农产品的需求，农民经营性收入由此实现持续增加。

三、生产性资本投入能优化农村劳动力配置

生产性资本投入的过程也是农村劳动力资源不断优化配置的过程。一方面，生产性资本投入农业，往往伴随着农田水利等大型基础设施的建设，会催生大量的劳动力需求，为农民提供就业岗位，增加他们的工资性收入；另一方面，生产性资本投入提高了农业生产效率，减轻了土地对农村劳动力的束缚，使得大量农村富余劳动力可以进入城市工作，拓宽了农民的就业渠道，也增加了他们的务工收入。

进入21世纪以来，农民的经营性收入虽然得到有效提升，但在家庭总收入中的占比一直保持下降态势，农民增收主要还是依靠工资性收入。根据国家统计局公布的数据，2020年全国农民工总量为28 560万人，月均收入4 072元，比2019年增长2.8%。所以，生产性资本投入通过提高农业生产效率，促进了农村劳动力在城乡之间的更合理的流动，有效增加了农村家庭的工资性收入。

四、生产性资本投入能吸引更多资本进入农村

生产性资本投入不仅能提高农地综合生产能力，还能有效改善农村的投资环境。生产性资本进入农村后，将极大改善农村道路、水电、管网等基础设施发展水平，产生正向外部性，降低农业经营成本，增加农业投资机会。比如，近年来蓬勃发展的回乡创业产业园、农村中小微电商企业、家庭农场等新型经营主体，都是在农村投资条件改善后得以迅速发展壮大的。随着资本下乡的规模和速度不断提升，农民在农村的就业机会也会相应增加，工资性收入当然也会"水涨船高"。除此之外，随着农村投资环境的改善，部分有条件的农户开始利用闲散资金进行投资，再加上农民承包地、宅基地、林地流转机制的不断健全，农村生产要素的证券化、资本化步伐不断加快，农户通过创业投资、合

作投资等方式参与农业项目的机会增多，能有效提高家庭的财产性收入。生产性资本投入影响农民收入的机理如图 10-1 所示。

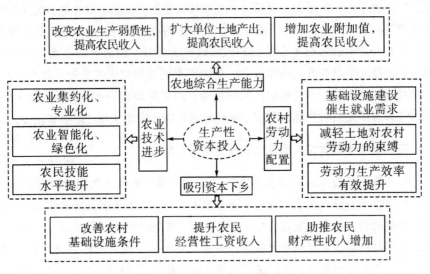

图 10-1　生产性资本投入影响农民收入的机理

第三节　生产性资本投入促进农民增收存在的主要问题分析

根据上文中构建的生产性资本投入对农民增收的逻辑框架，笔者对四川省成都、达州、广元、绵阳、自贡、乐山、凉山、眉山、内江的 20 个乡镇 59 个村庄进行了微观调查。结果表明，在农业发展中生产性资本投入对农民增收所发挥的促进作用还不充分，有较大的提升空间。

一、农业机械化水平参差不齐

从调研情况来看，在实施乡村振兴战略以后农业机械化水平总体上呈现快速上升趋势，集中连片的适度规模化机械经营这一农业现代化的基础得到了夯实；在欠发达的农村区域尽管难以实现规模化机械经营，但机械化应用水平也已经呈现大幅提升态势。但与此同时，农业机械化参差不齐的情况也非常普遍，成为生产性资本投入不足影响农民增收的前置障碍，主要表现在：

第一，农业机械化投入背后的项目支持存在严重的"马太效应"。调研发现，农业机械化投入主要是作为农村"公共产品"来向农村经营主体提供的。例如成都市某县 2016 年就提出，"通过政府补贴来实现农业机械化水平快速提升"，业主或农户购买耕机、播种机、插秧机、烘干机等农机设备，只要是在政府指导名目上的，其实际购买费用最高可以打五折，费用不足部分全部由财政补贴。但与此同时，在达州、广元等川东北地区，在离县政府 10 千米以外的乡村区域，在机械化投入上业主投入与政府补贴的比重甚至高于 9∶1，主要原因是，"外来业主想来种地，那就自己投资机械化设备，赚钱了是你的，亏了钱也跟大家没有关系"。发达农村机械投入"源源不断"和欠发达农村机械投入"靠天吃饭"这二者之间形成了巨大落差，直接导致欠发达地区的农民因生产便利性不足，生产经营的投入产出比居高不下，从而直接影响其经营性收益。

第二，农业机械化投入面临市场对政府的"挤出效应"。调研发现，机械化水平的核心指标往往并不能直接体现农业增收，甚至可能减少农民收益。例如，在成都经济区和川南经济区，当地农民就认为机械化水平的衡量标准出现了巨大变化。某流转了 580 亩土地的水稻种植大户就反映，3 年前政府补贴多，自身占有的农业机械设备多、农业固定资产占比高，那么带来的收益也会高。但是近两年这种情况发生了变化，以种植水稻为例，在农作物成熟时间点，种植大户使用农机进行收割，这时的人工成本、油费加上机器磨损，每亩地成本大约在 50 元；而来自山东、安徽的专业化机械收割队，收割效果更好、时间更快，而每亩地成本仅为 40 元。因此，自有机械不如租赁机械"划算"，而且采用这类农机租赁的社会化服务，还节约了前期投入的大量经费。

不同农作物农业生产性资本投入区别较大，农业机械化品种分布不均匀，导致农业生产性资本投入对农民收入的边际报酬贡献差异较大。不同品类的农作物和不同的生产环节所需的生产性资本投入差异较大，从调研情况来看，部分农作物生产性资本投入严重不足，机械化程度普遍偏低。如水稻机械化种植的水平明显落后，玉米在少数地区机械化种植也还处于刚刚起步的阶段，一些节种节肥节水性能较好的机具普遍都存在机械化水平低、数量少的问题。同时，部分农作物生产性资本投入过剩，在种植过程中，农用机械存在闲置过剩的问题，造成资源浪费。总体来说，当前多地农业生产性资本投入存在不平衡的问题，表现为农业机械高端产品不足、低端产品过剩，致使相同的农业生产性资本投入对于不同品类、不同环节的农作物生产所获得的收入回报具有较大的差异性。

二、劳动力优化配置不足

产业发展是乡村振兴的物质基础，也是农民增收的内生动力。从逻辑机理来看，人才是产业发展的关键因素之一，也是农村劳动力资源优化配置的重要标准，需要真正做到"人尽其才"。然而，从当前的调研情况看，生产性投入不足主要通过劳动力配置方式影响农民增收，这个结论从调研的两个方面得以呈现：

第一，生产性资本投入不足导致农村劳动力从事农业经营的刚性成本居高不下。在凉山州调研时，当地农民认为农业生产主要是"顺势而为"，要"借天时借地利"，而生产性资本投入就是"借势"的主要表现。某猕猴桃种植户反映，并不是所有的人在城市工资收入高时就会选择进城，不少文化程度较低、年龄较大的农民只能"靠山吃山"。以种猕猴桃为例，疏果、剪枝、套袋等环节的从业人员普遍都在 60 岁左右，一旦生产性资本投入增加，例如增加剪枝机、套袋机等设备，则人工成本立刻大幅下降。但该种植户也表示，从近年来的种植情况看，农业经营中的人工成本"刚性"在增强而非弱化，归根到底还是生产性资本投入不足。

第二，生产性资本投入不足导致农村劳动力专业化程度不高，劳动力只能"被迫"聚焦在门槛相对低、难度相对小，但收益率也相对不高的种养殖环节。从眉山某县的茶叶种植来看，当地农户表示，如果我们增加茶园灌溉、防洪设施等生产性资本投入，整个茶园的标准化建设就会得到强化，生产率必然提高，专业化带来的规模报酬也将直接转化为农民工资性收益，这反过来又会推动剩余劳动力往第二、第三产业转移，从而通过三产融合的方式形成品牌化效应，推动农民增收。调研发现，生产性资本投入不高，则第一产业的品牌竞争力较弱，农民就很难把关注点放在增加值更高的二、三产业板块，更不用说形成品牌化优势了。

三、农业基础设施建设不够

农业基础设施建设在很大程度上影响了农民自身的生产性资本投入水平。我们在调研中就发现，有的地方领导认为"农业基础设施建设在广义上就可以把农户生产性资本投入作为政府支出部分"。从这个角度上来看，农业基础设施建设是生产性资本投入与农民增收的关键环节和中间变量。决战决胜脱贫攻坚，在很大程度上提升了农业基础设施的绝对水平，但是不平衡不充分的矛盾仍然明显。主要表现在：

第一，在"最后一公里"上，当地干部的"经济账"和农户的"民生账"有分歧。任何农业基础设施建设都有成本投入，特别是在人口密度很低的欠发达农村，这种成本投入更加突出。因此，调研中就有乡镇干部指出，"当地没有多少农民种地，多搞点水渠等生产设施，农民可能生产方便点，但挣的钱远不及投入的钱"，因而从"经济账"来看不合算。但与此同时，我们走访的59个村庄当中，超过40个农户在解决绝对贫困问题后，仍然依赖于农业生产经营，他们因各种原因难以离土，更难以离乡。因此，这些农户认为，异地搬迁不作为首要因素考虑的前提下，是否解决"最后一公里"的农业基础设施问题才是政府应该算的"民生账"。

第二，"高层次"农业基础设施投入"尺度"的具体把握，决定了是"增收"还是"过度收益"。伴随着乡村产业的快速发展，有种植大户提出，自身所从事的农业规模经营，不仅有力带动了当地农户就业增收，还提升了当地特色农业水平，属于"高层次"农业。但是，推动农业进一步提档升级就需要政府提供更高层级、更高水准的农业基础设施，这也是优化当地"营商环境"的重要体现。然而，地方政府官员对此则认为，帮助农户增收的"道德评价"不应成为帮助农户特别是种植大户、家庭农场"过度获益"的手段，农业基础设施建设要强调公益性，更要强调公平性。

四、下乡资本与生产性资本投入的"双向失配"

生产性资本投入提高，将极大优化农村"营商氛围"，从而推动资本下乡规模越来越大、速度越来越快，最终促进农民增收。然而，从我们调研的实际情况来看，这一逻辑在实践中并非明显存在的，甚至还有背离之处，主要表现为下乡资本与生产性资本投入存在"双向失配"，从而抑制农民增收。

第一，农户的生产性资本投入与资本下乡之间并不必然存在正向关联，甚至可能是负向关联，即生产性资本投入对资本下乡"失配"。从机理上分析可以得出，农户生产性资本投入增加，则土地的产出效率提高，那么在当地实现"集中连片、规模经营"后，土地质量进一步提升，这将刺激资本下乡，从而带动农民工资性收入、财产性收入增加，最终实现农民收入快速提升。但是，从调研来看，这一逻辑存在两个中间"漏洞"：一是当生产性资本投入增加后，农户对土地收益（不论是经营性收益还是财产性收益）的期待值就迅速攀升，导致农户可能"待价而沽"，从而增加资本下乡难度；二是生产性资本投入增加，意味着农户对自身土地的"权属感"更为强烈，很有可能对土地"四至"更加强调和关注，从而增加了依附于土地的"安全感"。一旦资本下乡，在股权量化、边界虚化的情况下就可能弱化农户的安全感，从而增加资本下乡的难度。

第二，生产性资本对下乡社会资本存在"心理依赖"，那二者之间可能存在"失配"现象。我们调研发现，一些农户对下乡社会资本抱着明显的不信任态度。资阳市乐至县某乡从 2010 年开始在全乡布局了 10 余个核桃特色产业村，到 2015 年引进业主进行管护后，业主承诺年终收益在其与农户之间"三七"分成，但要求生产性资本投入由农户承担，或折算为费用后从农户年终收益中抵扣。然而，在年终分账时，超过 9 成的农户拒绝承担生产性资本投入，认为"老板不该欺负农民""平时做账的猫腻都说不清楚，凭啥要农户承担生产性资本投入"，导致业主一年多以后就纷纷撤离了。

第四节　生产性资本投入促进农民增收的优化路径

生产性资本投入的增加可提高资本使用效率，有力促进农民增收。聚焦生产性资本投入对农民收入的逻辑机理分析，并结合微观调研，本书认为生产性资本投入促进农民增收的路径优化，要着力做好以下四个方面：

一、提高均衡性和有效性，促进农业机械化水平总体提升

一是提高农业机械投入的均衡性，避免出现区域两极分化。农业主管部门要加强对农机需求的摸底调查，加大对农业机械投入的统筹协调力度；特别是对于偏远山区、高原地区、少数民族地区等欠发达区域，要根据当地特色农业产业发展需求，加大资金支持力度，有针对性地保障农民对农机的需求，增加农民的经营性收益。

二是提高政府补贴政策的有效性，积极发展农机专业服务市场。政府应根据各地的实际情况，采取差异化的农机补贴政策，促进农机专业服务市场的发展，从而提高政府资金和政策的有效性。一方面，政府应增加农机购置补贴，刺激农机作业服务主体进行生产性资本投入，以实现公共生产性资本投入的提升；另一方面，对于生产规模达到一定标准的农户，采取变农机购置补贴为农机作业服务补贴，避免农业生产性资本的重复投入和过度集中于某些行业，从而减少该行业的资本冗余。

二、强化就业创造和就业保障，促进农村劳动力优化配置

一是发挥政府性投资项目的就业创造效应。在项目正式启动前，各级政府

与相关单位签订的施工合同中要明确规定，优先吸纳当地农村劳动力参与项目建设。在项目实施过程中，村两委、驻村帮扶工作队等基层力量要广泛动员符合条件的农民参与项目建设，围绕安全施工、岗位技能、验收标准等关键内容开展有针对性的培训，并通过日常监督、专项检查等方式督促施工方按时足额发放农民工工资。在项目验收中，将施工方使用当地农村劳动力的规模、比例和薪酬作为验收标准之一，提高其使用当地农村劳动力的刚性要求。

二是鼓励工商资本积极吸纳农村劳动力就业。随着资本下乡进程的加速，越来越多的工商企业在农村开展生产性项目投资。对于这一类型的投资，村集体在与企业签订土地征收、合作开发等相关协议时，应就农民参与项目建设和运营维护期间的工作时长、工资标准、劳动保障等进行约定，积极鼓励和引导工商资本吸纳农村劳动力，为农民增收拓宽渠道。

三是为农村劳动力流入二、三产业创造良好的保障条件。生产性资本投入能有效提高农业生产效率，农业单位产出所需的劳动力将持续降低，必然导致富余劳动力流入二、三产业。但是，在这一过程中，相关部门应及时将转移就业的农民纳入当地社会保障体系，在医疗、教育、住房等方面予以特殊政策支持，加快推进农民市民化的进程，让工资性收入真正成为农民增收的主要渠道。

三、改善资本投入与管理方式，提高农业基础设施水平

一是建立多元化农业基础设施投入机制。在引入农业生产性资本的方式上，各级政府应该通过不断创新体制机制，制定相关优惠政策，吸引社会资本积极参与农村基础设施建设，并按照"谁受益、谁出钱"的原则发动个体大户或富裕农民加大生产性资本投入，形成投资主体多元化、筹资主体社会化的良性发展模式。

二是加强农业生产性资本的统筹管理。对于将要新建或者修缮的农业基础设施，各级政府可以采取承包、租赁、拍卖等形式，采取社会化转化，由企业或是生产大户作为承包人，实行市场化运作。在推进农业基础设施市场化运作的过程中，各级政府根据不同区域的发展实情，合理采取市场化改造，引入社会资本参与，完善市场化经营运行机制。

三是加大对特殊地区农业基础设施的政策性兜底力度。对于农业产业化尚不发达、农业经济效益较低、农村人口密度较低的地区，各级政府应根据当地农民和农村发展的实际需要，成为生产性资本投入的主体，积极改善农业生产条件，为增加农民经营性收入提供兜底服务。

四、加快推进资本下乡进程，优化农村投资环境

一是建立健全农民和下乡资本的利益联结机制。在下乡社会资本规模越来越大、发展速度越来越快的大趋势下，各级政府要高度重视农民持续增收和下乡社会资本盈利的兼顾，以形成可发展可造血的内生动力机制。在这个过程中，各级政府既要强调市场的重要作用，也要确保公平的利益分配模式，充分调动企业和农民两方面的积极性。因此，主管农业农村工作的政府部门要通过多种途径，运用多种措施，在平等自愿、协商一致的基础上推动土地流转，实时监测下乡企业和社会资本的发展动向，研判其与农民利益的联结机制是否变形、走样，以确保农民合法权益不受侵害。同时，对于企业在合法合规的经营范畴内开展相关生产工作，政府相关部门应给予大力支持，营造出良好的农村投资环境。当下乡资本与农民出现矛盾时，政府应充当中间协调人的角色，依法依规对双方进行妥善调解。

二是加强政府对下乡资本的引导和帮助。地方政府要建立监督与约束机制，提高下乡资本与农民合作的履约率，增强双方合作的稳定性。同时，政府要积极鼓励下乡企业加大对生产性资本的投入，并以此为基础将其业务向专业化、一体化与现代化的基地种植产业体系转变，以带动更多资本进入农村，促进农民增收。

第十一章 对策建议

综合前文分析，笔者建议要从加快完善土地经营权制度的立法构造开始，从积极引导工商资本有序规范下乡、进一步加强对农民权利的全方位保护、有效破解集体经济发展难题、持续优化政府管理和服务职能等几方面入手，加快建立健全完善工商资本参与"三权分置"改革背景下的农民土地利益分享机制。

第一节 加快完善土地经营权制度的立法构造

土地经营权应彻底实现用益物权化，以实现激活土地流转、促进农业现代化发展的改革目标。同时，应在用益物权的规范形式上着手，从主体、设立变更方式、权能、权利限制上对其设立更加全面的规定。

一、明确土地经营权的主体

在土地经营权的主体范围上，应积极响应中央提出的培育新型农业经营主体的政策方针，并在此基础上，让多种组织或个人依法取得经营农村土地的权利，解除农地"两权分离"体制下由于土地承包经营权的身份性要求而不能获得土地经营权的限制。通过农地"三权分置"，不愿意流转土地经营权的农民可以在享有土地承包权的同时享有自主经营承包土地的权利。已经实施"三权分置"改革的农村，原来合二为一的土地承包经营权，现在变更为两种权利，即土地承包权和经营权。而随着城镇化的逐步进行，将农村土地的经营权流转出去是未来农村土地制度改革的方向。

现有法律规定，流转农村集体的土地时，如果是本集体经济组织成员，在同等条件下享有优先承包流转土地的权利。这一规定以集体成员为标准区分了两类主体，并赋予集体成员在土地经营权流转时享有优先权，体现了优先保障农民权益的价值取向。

二、明确土地经营权的设立和变更

只有依法登记并取得权属证明后，土地经营权才会在实质意义上生效。土地经营权人将其经营权转让给其他民事主体或设定抵押时，设立、转让、抵押经营权的合同并不导致权利的变动。通过完善土地经营权权利变更登记制度，可以有效替代同意和备案制度，在保证土地经营权人权利自由的同时有效抑制风险。

在农地"三权分置"改革中，登记并非只产生对抗效力。土地经营权应采取登记设立模式，只有经过登记物权化的土地经营权才得以设立，未经登记的只是债权性的土地经营权益。

三、明确土地经营权的权能

《关于完善农村土地所有权承包权经营权分置办法的意见》提出，在完善"三权分置"制度过程中，须要保障好农村居民的土地承包的各项关联权益。该意见其实强调的是土地承包经营权中的经营部分之权能。土地经营权作为对土地承包经营权的替代和升级，其在权能上应按照完全意义上的用益物权进行设置。

在权能设置上，土地经营权具体包括转让、抵押和入股几个方面：①土地经营权人可以转让土地经营权，因为土地经营权的转让并不需要土地承包权人的同意。根据现行法律法规，经由土地承包经营权人直接流转出来的土地经营权，在转让承包时须取得原承包人同意和许可；在集体土地之上通过招标、拍卖、公开协商直接设立的土地经营权，其转让不需要经过他人同意。我们认为，对以不同方式产生的土地经营权在法律上区别对待，并对土地经营权再流转进行限制，实质上仍是"两权分离"思维的体现，不符合农地"三权分置"改革的价值目标。法律所确立的这一规则，只宜在农地"三权分置"改革进行过程中发挥过渡性作用，未来还应赋予土地经营权完全的自由流转权限。②在土地经营权的抵押权能上，由于解除了身份性限制，其担保价值势必大大增加，抵押融资功能亦得以实现。建立在集体土地所有权之上的用益物权化的土地经营权，有着公示登记的要求，并不需要土地承包权人的同意。③土地经营权人可以将土地经营权入股。由于土地经营权的可转让性，以该权利入股并不会产生土地承包经营权入股的理论和实践问题。

而当流转土地面临征收时，由于在土地经营过程中，取得土地经营权的组织或个人投入了相当的成本，在征收补偿方面应予以适当考虑。而其补偿额的确定应根据土地的经营质量以及地面的经营设施综合考虑。

四、明确土地经营权的限制

作为用益物权化的土地经营权虽为一项纯粹的私人财产权，但其维系着重要的公共利益，必须使其在流转后依旧能够保证农地农用，维护粮食生产安全。①应对流转土地经营权之农地的具体用途进行限制，并建立相关的监督管理措施。限制土地用途不能仅仅是宽泛的"农地农用"，因为除了土地利用"非农化"问题，还可能出现"非粮化"风险；所以必须根据耕地原有的使用状况，对其用途做出明确的解释。②应对单个经营主体取得土地经营权的总规模进行一定的限制。单个经营主体取得规模过于庞大的土地经营权，无法保证单位农地上的生产投入，可能出现耕地撂荒的情形；在经营权市场化流转的基础上，甚至可能出现土地经营权人囤积大量农地使用权，通过炒作其流转价格赚取利益的情况。具体而言，土地经营权的规模上限应根据地区发展状况、工商资本实力、城镇化水平与人均耕地状况等因素确定。③应建立农地流转风险保障金制度，由集体以外的其他经营主体取得土地经营权时，需要缴纳一定的保障金，并由政府财政提供支持，以弥补在经营者经营不善或改变用途之时对集体和农民利益可能造成的损害。如果经营者在经营期间并未出现损害集体和农民利益之情形，经营权到期后可以取回其缴纳的保障金。

第二节　积极引导工商资本有序规范下乡

工商资本下乡对于农地制度改革具有重大的影响，应对其下乡的目的、条件和原则等进行有效的规范和引导，以此保障"三权分置"下农民土地利益不受到损害。

一、规范资本下乡行为和严控耕地非农化

1. 对资本下乡行为在制度上进行规范

一方面要尽可能地规避资本下乡带来的风险，另一方面也要给下乡资本足够的发展空间。以此为前提，在保障基本粮食种植规模不变的前提下，发展多种经济作物的种植，提升耕地的价值。对于农地托管、农机全程服务、农产品精深加工、金融担保等农户干不了或干不好的事情，鼓励工商资本发挥自身特

长，引导其解决农村居民干不了和干不好的事情①，引导资源向资本和技术密集型农业产业倾斜，最大限度增加农业产业链和农业的附加值，推动传统农业加速向现代农业转型升级。

2. 严格控制耕地非农化和确保粮食安全

随着我国土地资源越来越稀缺，要有效利用土地，避免资源浪费。对于工商资本下乡投资经营农业，允许其占用一定的土地等自然资源，但是保护耕地事关国家粮食安全问题，必须确保资本下乡不浪费、侵占土地，对于耕地用途也不能随意改变，严控耕地非农化，合理开发利用土地，鼓励涉农企业积极开发农村"四荒"地、废弃地和低洼地等，扩大土地资源供给规模，在此基础上逐渐加大对种粮主体的支持力度，配套农业技术支持和粮价保护等政策，提高种粮企业的积极性。

3. 建立健全下乡企业用地监管体系

在工商资本进入农业前进行严格的准入审核，并且经营过程中，重点关注流转土地的用途、经营作物等是否改变等。监督已下乡经营农业的工商企业，督促企业节约和合理利用土地资源，引导工商资本因地制宜投资农业项目和发展农业经济。另外，各地政府应当根据当地耕地资源状况和经济发展实际，规定农地租赁的时间和规模上限，避免出现因企业长时间、大面积租赁农地对农民产生的"挤出效应"，防止社会急剧分化和由此带来的社会风险。

二、完善农地流转制度与协调农户和企业的利益关系

1. 建立健全农地流转制度和监管机制

以农地流转为前提，资本才能下乡，国家有关部门应加快相关法律法规和政策的制定、修改进程。地方政府也应出台具体的政策措施，建设土地流转平台，做好流转服务工作，增强土地流转监管力度，规范土地流转行为，杜绝侵害农村居民的土地承包权益以及村集体利益等行为，建立土地流转风险保障金制度，防止企业不支付土地租金、破坏耕地、非农化经营等行为。总之，政府应发挥好宏观调控和监管职能，做到调控监管不"缺位"也不"越位"，对于土地租赁与农业合作经营中出现的矛盾及时处理、及时化解，对于土地流转风险及时防范。

2. 强化农村居民在土地流转中的自主性和主观能动性

目前一些地方围绕资本下乡成立的农民合作社、农民理事会等，将流转土

---

① 朱俊峰，苗海民. 新常态下的工商资本下乡［J］. 中国发展观察，2017（15）：33-35.

地的农民吸纳进合作社或者理事会，直接将农民合作社或者理事会作为流转土地农民一方的代表，同企业等合作方进行谈判和签约。这对改变个体农民在谈判中的弱势地位，保护农民的主体地位及其切身利益发挥了重要作用。应充分利用此类合作社，提高农民的组织化程度。

3. 建立农民和企业的利益联结机制

资本下乡是一个土地等资源要素重新配置的过程，既要注意提高农地配置效率，又要保证合作者利益分配公平，调动企业和农民两方面的积极性。农民由于在农地流转中处于相对弱势地位，权益容易受到损害。因此，主管农业农村工作的政府部门要通过多种途径，运用多种措施，保障农村居民的各项权利不受侵害，尊重农民的需要、愿望和预期，在平等自愿、协商一致的基础上推动土地流转。当农民的合法权益遭受资本方侵害时，政府有关部门要及时介入和纠正。同时，支持企业依法依约开展农业经营，保护企业依法流转的土地和经营收益，当农民悔约、毁约、违约和侵害企业的利益时，或者出现劳资矛盾、农户与资本方利益冲突时，有关部门要积极协调和妥善化解矛盾。

三、引导工商资本参与农业供给侧改革和乡村振兴建设

1. 通过资本下乡助推农业供给侧结构性改革

以保障粮食安全、促进农业现代化发展，进而提高农村居民收入为目标，充分参考市场供求信息变化，推动农业供给侧结构性改革。在此背景之下，推动工商资本下乡参与农业的供给侧结构性改革，让流转出来的土地真正成为一种独立的生产要素资源。在不违背国家既定的"三农"领域改革要求的前提下，使农村的各项生产要素资源充分流动起来，这其中自然也包括土地资源。应允许参与农业现代化的利益关联方通过合法合理的途径利用土地资源，发展高附加值的农业产业，提升农业生产的价值。促进发展起来的农业生产地区建立自己的品牌标识，扩大产品影响力，促进我国的农业由数量型发展转变为数量型与质量型发展并重。

2. 鼓励工商资本积极参与乡村振兴建设

资本下乡参与乡村振兴战略的实施，有利于解决乡村振兴战略目前面临的问题。客观地说，我国目前实施的乡村振兴战略面临着资金、技术、人力资源不足的现实问题。若能通过引导工商资本下乡参与乡村振兴战略，逐步解决上述问题，就能为乡村振兴战略的实施铺平道路。利用现代化的生产要素建设我

国农村，实现使用资本安农富农的预期目标①，与此同时，工商资本下乡也将城市的生产要素资源引入农村地区，实现城乡生产资源的良性互动，对弥合城乡差距、实现一体化发展也是利大于弊②。

因此，在工商资本下乡参与乡村振兴战略的实践过程中，有矛盾冲突的地方要及时予以解决，对利益关联方的各项正当诉求相关部门也须及时反馈，对各项优惠政策要加强解释宣传，引导工商资本下乡参与乡村振兴战略，以改善农村的基础设施现状，改善农村居民的人居环境，在推动农业产业现代化发展的同时，也促进农村面貌改变，实现农村一、二、三产业的融合发展。

3. 创新工商资本参与生态农业的经营模式

从实践来看，工商资本下乡有利于农村产业的发展，提升生态农业生产效率，增加农村绿色经济的产出。但应探索工商资本参与生态农业发展的多种经营模式，鼓励生态农业与其他产业融合发展，实现拓宽行业经营范围、扩大收入来源的生态农业经营目标。这也有利于延展农业产业价值链，实现关联行业的深度融合。

第三节　进一步加强对农民权利的全方位保护

目前农村土地流转中还存在农民权利流失的种种现象，农民权利法定化程度不强固然是一方面原因，但究其根本还在于保障农村居民权益的相关机制不健全以及相关部门对保障农民相关权益的重视程度不够。在这种条件之下，在推进农村土地流转的过程中，应充分重视农村居民的权益，构建相关的保障机制以及事后的救济机制，这对于维护农村社会稳定至关重要。

一、建立健全法规制度，从根本上保障农民权利

在现行的农村土地流转法规制度的基础上，相关部门应根据国家制定的有关农村土地流转的文件要求，充分保障农村居民在土地流转过程中的现实利益诉求，再结合社会专家的研究成果，切实建立起农村土地流转中的农村居民利益保障机制以及事后救济机制体系。在梳理文献和调研时，笔者发现，我国现行的相关法律法规对"农民集体"的规定模棱两可，这就导致土地流转时，

---

① 何鼎鼎. 资本下乡，如何安农富农 [J]. 农村·农业·农民（A版），2018（3）：6.
② 曹俊杰. 我国几种工业反哺农业模式比较研究 [J]. 农村经济，2017（3）：6-12.

土地所有权主体不清或被虚置。基于此种现状，笔者建议，建立保障农村居民权益机制，先应廓清乡镇、农村基层组织与农村居民个人的权利边界，在此基础上厘清土地流转关联方的相关权利和义务。与此同时，应高度重视个体权利主体地位与法律规定的应具备的各种要素材料。在现有的法规制度框架内，明确农村集体土地承包经营权的关联权利。其具体的表现形式包括但不限于对承包地的占有、经营使用以及取得收益的权利，此外允许承包土地的农村居民以转包、出租、入股等多种方式流转土地的经营权，促进农业适度规模化经营，以实现农业的现代化发展。允许农村居民成立合作社等经营组织，并按规定赋予其依法取得相关补偿的权利。同时，应将农村土地征收情况纳入考虑范畴，在征收农村土地时，应从就业、社会保障、住房等方面保障失地农村居民的基本权益，维护农村社会的稳定①。同时，应规划好农村基层组织在农村土地流转中的职能作用，使其在土地流转中扮演好基本角色，为土地流转提供良好的基础制度和优质的服务，维护好农村居民的土地流转权益，促进农村土地流转顺利进行。例如，利用基层组织的优势，做好土地流转的数量监测，提供可利用的土地信息，制订相应的土地流转规划，集中土地连片流转，做好事前、事中、事后资格审查，档案资料管理等②。此外，在土地流转过程中，基层组织要注意保障流转土地农民的主体性和自主性，增强其流转土地的积极性，不得强迫居民流转土地。

二、完善农村产权制度，充分保障农民权利

产权制度安排的核心要义在于减少交易费用，实现资源的高效配置。历经多次改革，相较于农村地区，城市地区的产权制度较为完善，这也是历次改革的结果。现阶段，推进农村地区的改革，产权制度改革是其核心要义，须改变农村产权制度不清、农民财产权利划分比较模糊导致农村资源配置效率比较低、生产要素市场长期未能形成的现状，为农村居民致富打下制度的基础。在推进农村土地流转的过程中，需要建立确定农村土地关联方权利的制度机制，尤其是建立相关制度确定农村居民的用益物权的实现机制。因此，需要建立农村居民与城市居民平等居民产权制度机制。重点是要做好以下两个方面的工作：其一是做好农村土地集体所有权的确权颁证工作，为农村土地产权制度改革创造一个良好的开端。目前，从中央的文件精神来看，要求推进农村土地的

① 梁洪学，魏震铭. 我国农村土地权利主体与保护 [J]. 经济学家，2009（11）：96-97.
② 许恒周，曲福田. 农村土地流转与农民权益保障 [J]. 农村经济，2007（4）：29-31.

集体所有权确权颁证工作，其中不乏要求细化到每一个具有土地所有权的集体经济组织都应得到集体土地的所有权。此外，中央多个机关部门也发文强调，通过农村土地集体所有权的确权颁证工作，推进农村土地所有权制度改革进程以解决长期以来存在的农村集体土地纠纷问题，同时进一步增强农村集体经济组织对本集体的所有权意识。其二是要通过规范的土地所有权确权颁证程序以及运用现代化的电子信息技术，做到权证和实物相匹配，建立新型农村土地的"鱼鳞图"。通过对所有权的确权颁证工作，建立农村集体经济组织、农村居民以及农村土地的长期稳定关系，厘清各自的权利义务，建立拥有产权清晰、权责明确等城市产权制度特征的新型农村土地产权制度。

三、以完善农村社会保障为重点，保障农民福利不受侵害

在实践中，农民将自己的承包地流转出去以后，农村土地就丧失了其社会保障职能，农村居民的基本生活保障，如就业、养老等将会受到深刻影响。将土地流转出去以后，切身利益会不会受到损害？会受到多大程度的损害？得到的补偿能是否够有效覆盖这些损害？这些问题是农村居民流转土地的主要顾虑。毫无疑问，促进农村土地流转，还须弱化农村社会保障对土地的依赖，从正面加强农村社会的社会保障投入，逐步完善农村社会保障制度，织密农村社会保障网，弥合城乡二元的社会保障差距，消除农村居民对土地流转的疑虑，提升其流转土地的积极性。要做到这一点，其一是要改革我国现存的户籍制度，让农村居民与城市居民一根线拉齐，对其不再差别对待。推动户籍制度向人口常住地登记转变，也即统一户籍登记地和常住地，使得人力资源在城乡之间能够自由流动。户籍制度改革的重点是要消除户口差别带来的社会保障差别。城乡二元差别消除之后，进城务工的农村居民也能得到与城市居民一样的社会保障，拥有平等地在城市中生活和发展的社会权利。其二是要加大对进城农民就业的扶持力度与就业、失业救济的制度性建设。从搭建就业服务平台开始，准确、主动识别农村失地失业人员，精准推送就业信息。建立健全再就业培训体系，加强农民再就业技能培训，拓宽其就业渠道。引入社会组织和相关企业的力量，支持其吸收再就业农民，履行社会职责，并给予一定的补偿。相关部门积极开展"农民工就业援助计划""农民工创业计划"帮助农民就业创业，使其取得稳定的收入来源。建立相关制度保障进城务工农民与普通市民享有同等水平的社会保障，尤其在住房、子女教育、医疗等基本生活诉求上其不应与普通市民有所差别。其三是要提高农村居住、就业的农民的社会保障水平，让他们共享社会发展的成果，增强获得感和自我认同。其四是要拓宽农村

居民社会保障资金的来源渠道，目前我国农村的社会保障资金来源较为单一，很大程度上依赖于上级拨付。建议在土地流转之后，在建立的集中居住区增加一部分商业设施设备，并以商业经营产生的租金收益作为农村社会保障资金的来源。此外，建议在保证基本社会保障支付的情况下，将富余资金进行稳健性投资，充分保障其流动性和收益性。

四、注重提升农民维权能力，推进农村新型社区治理

在农村土地流转中农民权利流失的主要原因是农民组织化程度低、维权能力弱，应强化基层民主的制度性建设，充分利用现代化的技术手段，让农村居民充分参与到农村社会的治理中来，为农村居民提供合理表达诉求的渠道，尤其是在涉及农村居民的切身利益时，应充分尊重农村居民的意愿，取得农村居民的支持[1]。其一是要增加、畅通农村居民利益表达的渠道，增强农村居民在农村社会中的议事决策能力，保障农村居民在农村公共事务中的主体地位。特别是在土地流转过程中，要充分尊重农村居民的意愿，尽可能消除农村社会的不稳定因素。同时，尊重农村居民的主体地位，避免因公共权力不当使用导致的违背农村居民意愿强制推行土地流转而引发的极端事件。其二是要逐步建立起新型农村社区的治理机制，将基层党组织、村民代表大会制度、农村议事会、监事会等基层组织有效结合起来，各司其职的同时也相互配合，提升农村社区的治理效率。在这一过程中，要充分发挥基层党组织的领导作用，确保农村居民的自治权利不受侵害。在农村土地流转过程中，基层党组织确定流转的基本方向，而自治组织充分发挥其作用，充分考虑农村居民的相关权益，使得最后的流转程序和结果符合绝大多数农村居民的现实利益，实现党的领导和农村居民自主管理的双重目标。

五、以纠纷解决为依托，构建农民权利救济机制

调查梳理发现，现实农村社会中聚集性维权事件主要是因农村土地流转而发生的[2]。而且在部分农村地区，基层组织为了单方面地快速推进土地流转工作，借口"公共利益"强势要求农村居民参与土地流转工作，未充分考虑农村居民的切身利益，并且补偿不到位的情况时有发生，其结果就是农村权益纠纷演变成聚集性维权事件，这是农村社会稳定的威胁和隐患。在土地流转的实

---

① 瓦拉德兹，何莉. 协商民主 [J]. 马克思主义与现实，2004 (3)：35-43.
② 郭亮. 农村土地纠纷的类型及原因 [J]. 重庆社会科学，2009 (11)：27-30.

践中已经发生了一些纠纷事件，因此，要充分总结吸收农村土地流转过程中的经验和教训。在事前，充分考虑各方利益诉求，将各种隐患消灭在萌芽状态。事后建立起有利于农村居民申述维权的表达渠道，实现对诉权农村居民的救济。建立官方或非官方纠纷解决机制，重点强化人民法院的判决机制，同时要重视农村社会基层组织的自我利益调节机制的作用，调节各方利益，使之达到平衡，在维护土地流转成果的同时也维护了农村社会的稳定。

第四节　有效破解集体经济发展难题

发展壮大集体经济是"三权分置"改革中保障农民利益的重要途径，应从法人资格、成员权属、股份流转、治理结构、财税支持等多方面发力，破解集体经济发展难题。

一、解决农村集体经济缺乏法人资格的问题

目前，我国农村集体经济在法律上是不具备独立的法人资格的，这就限制了农村集体经济参与经济活动的权限。而这种权限包括对集体经济进行管理的权限，也即农村集体经济不能直接管理集体的资产，而管理集体资产的权力由村委会或者是村民小组掌握。这种不合理的情况限制了农村集体经济的运行。近年来，中央高度重视这一问题，多项文件也指出须制定相关的法律法规来赋予农村集体经济以法人资格，使其可以独立地参与经济活动。因此，笔者认为，可以成立农村集体经济合作社或类似的机构组织来代理农村集体经济，管理集体资产。其在管理上可与村委会等机构并列，隶属于上级政府机构。此外，这种形式的基层自治组织也可将流转的土地量化为股份，分配给集体经济成员，调动农村居民参与集体经济、管理集体资产的积极性。

二、解决农村集体经济的成员权不明确的问题

现阶段，农村集体经济的成员对自身拥有的成员权资格并不十分清楚。相关的法律法规不健全导致农村集体经济成员权的界定含混，管理也较为混乱。这就为侵害农村集体成员的有关权益留下了空间，也会导致由内部人把控农村集体经济的情况。需要明确的是，农村集体经济的成员权是指一种由于具备农村集体经济成员身份而享有的参与农村集体经济、分享集体经济发展收益的一系列权益集合。对此，2017 年中央一号文件规定了"稳妥有序、由点及面推

进农村集体经营性资产股份合作制改革，确认成员身份，量化经营性资产，保障农民集体资产权利"的界定成员权的指导思想。因此，农村集体经济的成员权的界定需要在法律法规的框架中进行，结合基层组织一定的自主权，以本集体既成的事实为依据，综合权利义务关系、在籍人口等因素予以确认。

三、解决农村集体经济股份流转问题

在市场经济体制之下，在交易平台上将已经股权量化的农村土地流转起来，形成成交价格，才能真实地反映供需双方对标的的需求，实现农村土地的生产要素价值。同时，通过这种股权流转的形式，农村集体经济作为独立的法人可以实现对农村集体资产的合法、便捷、高效的管理。值得注意的是，此种流转形式应充分考虑流转的风险。由于集体资产具有一定的社会保障职能，当有股权流转给本集体以外的组织或个人时，应充分评估此种流转所带来的可能隐患。

四、解决农村集体经济治理结构不完善的问题

现阶段，一方面，村委会和村民小组代管了大多数农村集体经济组织，从而可能会产生行政力量干涉人事安排和经营管理、村镇领导限制了集体经济的发展等问题；另一方面，由于集体经济效益是村级行政管理服务经费的重要来源，且占比较大，现实情况是我国多数农村没有建立起完善的财务管理制度。针对这一问题，2017年中央一号文件指出："从实际出发探索发展集体经济有效途径，鼓励地方开展资源变资产、资金变股金、农民变股东等改革，增强集体经济发展活力和实力。"从文件精神出发，发展农村集体经济必须要进一步规范农村集体经济的治理体制机制。应有效融合现代化的企业管理制度，因地制宜、因时制宜设立董事会、股东代表会或是股东大会等相关职能组织，也可以根据经营的需要聘请经营管理的专业人才加入，提升集体经济的经营管理效率。

五、解决农村集体经济缺乏财税政策支持的问题

从新中国成立以来的社会历史变迁不难看出，党和国家高度重视"三农"工作，其中就包含了支持集体经济的发展。但是就具体的从中央到地方的文件来看，推动集体经济发展的大多是指导性、原则性的文件，需要落到实处的操作规范却几乎没有。当然这样的处理方式虽然留给村集体很大的自主权，但也导致农村集体经济的发展长期没有财税政策的支持。农民获取信息能力较弱，无法及时了解政策，自1978年我国推行家庭联产承包责任制以来，在农村社会中就长期存在重视增加个体收入，而忽视集体经济发展的思想，直接导致了

农村集体经济发展被搁置，集体经济有名无实成了农村经济发展中的普遍情况。这是发展集体经济的一大阻碍。针对以上问题，2017 年中央一号文件明确要求："研究制定支持农村集体产权制度改革的税收政策。"这就表明，农村集体经济的产权制度改革将获得一定的税收优惠，但是就现实情况来看，这对促进集体经济的发展来说还远远不够，从顶层设计的角度出发应设立农村集体经济专项支持资金用于扶持集体经济的发展。应通过利用专项资金和引入其他社会力量来强化对农村集体经济的财政支持和其他社会资源的支持，进而提高农村集体经济的综合实力和服务质量。

第五节　持续优化政府管理和服务职能

基层政府是参与农地"三权分置"改革的重要主体，具有重要的监管和服务功能，应进一步加强事前、事中、事后全流程高质量监管能力。

一、做好事前监管服务

（1）建立健全农村土地确权登记制度。

就目前的法律法规而言，已经进城落户、取得稳定收入且完成身份转变的农村居民，在剩余土地承包期内，依旧获得相应的土地权益。实施"三权分置"让土地的经营权流转起来，还可产生现实的收益。能够让土地流转起来的前置条件是流转土地的产权是清晰的，也即流转土地产权不清会有碍于土地流转的顺利进行，至少会为交易以后利益分配埋下隐患。因此，土地确权登记的意义不言自明，它关系着土地所有权者权益和正确划分利益关联方权利与义务，是促进农村土地顺利流转的重要基础。在"三权分置"的制度安排之下，我国农村土地的承包权和经营权要分开登记。这既是"三权分置"的制度要求，也是保护土地关联方权益的重要手段，这对完善土地产权结构，依法推进农村土地制度改革具有深刻的现实意义。土地的确权登记是在正确理解土地所有权、承包权、经营权的内涵的基础上进行的。"三权分置"中最重要的也是最基础的是所有权的确定，这是确权登记的前提。有了明确的农村集体经济的所有权，承包权和经营权才会有划定的依据。在本集体的土地所有权范围内，依法确定承包权和经营权的具体归属。这样的制度安排其目标就是实现确权确地和权与物相匹配。

（2）健全流转合同签订与登记备案制度。

在本集体内拥有土地承包权的农村居民可以依法流转自己承包的土地，但在流转过程中，为了规范土地流转权益的关联方的各种权利与义务，交易双方须签订流转合同。合同的签订须得到权威部门的指导，严格甄别其中的不平等条款。流转合同须到有关部门进行备案登记，确定合同真实有效，政府机关应履行监督管理的义务①。主管"三农"工作的部门应履行相关义务，包括以下几点：拟定土地流转的合同范本，为流转双方签订时提供参考；积极培训工作人员，学懂弄通有关土地流转的法律法规并向群众普及；对于流转过程中的群众咨询，及时予以反馈，帮助群众理解土地流转的政策内涵；主动引导群众进行土地流转，提升农民流转土地的积极性，积极推动土地流转合法有序进行。

二、做好事中监管服务

（1）搭建公开、公平、公正的土地流转信息发布平台。

目前，土地流转中出现的问题多是流转信息不透明、不公开导致的。农村居民在土地流转中处于信息的弱势地位。因此需要通过建立相关的土地流转信息平台对接流转各方，让信息公开透明。相关政府机构应予以建设指导，并提供必要的技术支持；同时鼓励将农村居民将散乱的土地连片流转给有实力的机构或组织，避免出现散户之间互相流转土地而造成的推诿扯皮现象。

（2）设立土地价格标准，助推土地交易市场规范发展。

目前我国农村土地流转市场的价格形成机制并未真正建立。土地流转价格并未真正反映土地经营权的价值。让市场来决定经济资源的配置的前提是要让价格真实地反映市场的供需状况。在土地流转中，处于信息的弱势地位的农村居民是交易过程中易受到权益侵犯的一方。因此，无论是出于保护农村居民的正当权益的目的还是促进为土地流转市场健康发展，权威部门都应在充分调研的基础上出具指导价格，并进行跟踪监测，动态调整指导价格②。

（3）做好土地流转档案管理工作。

土地流转经营是一个长期过程，与之相关联的档案材料必须得以长期保存，这对规范土地流转市场具有重要的意义。档案管理最主要的是将整理好的档案由专门的机构予以保存，而这些档案要详细地记录土地流转的面积、地理位置、成交价格以及流转关联方和流转过程。同时要加强对土地流转档案的管理，定期检查档案的完整性。对土地交易后续的变动也应予以记录，定期更新档案，以便保存完整的事实记录。

---

① 贺东航，肖文. 集体林权流转中的政府监管制度研究 [J]. 华中师范大学学报（人文社会科学版），2010，49（2）：18-22.

② 冯兆卿. 我国农村土地流转中的政府职责分析 [D]. 济南：山东师范大学，2011.

三、加强事后监管服务

（1）服务好失地农户。

一旦农村居民将自己的土地流转出去，也就意味着放弃了由土地带来的社会保障权益。毫无疑问，这会对失地农民产生深刻影响。政府机构应为失地居民提供基本的公共服务，至少应保证农村居民的生活水平不会因为土地流转而下降。最主要的就是要解决失地农民的收入问题，具体措施包括进行工作技能培训，提供就业服务信息，帮助失地农民再就业。此外帮助有条件的失地农民创业从而带动就业也是可供选择的解决问题的方式。还应统筹解决失地农民的子女教育、医疗、住房问题，解除其流转土地的后顾之忧。

（2）为土地受让方提供服务。

土地流转的主管部门应主动作为，引导农村居民的土地流向有实力的机构或组织，促进农村土地的适度集中，推动农业产业的适度规模经营，提升土地流转的经营效率。在完成土地流向有实力的机构或组织后，大型的农业种植普遍会面临交通、用水、技术以及销售等问题，为受让方提供服务需从上述方面着手。强化交通等基础设施建设的投入，适当拓宽道路，增加硬化路面，方便农业生产的同时也便利农村居民的出行；兴建一些水库等蓄水设施，增加农业用水的供给；引导企业改善灌溉技术，引进滴灌设备，降低用水量的需求；政府联合企业做好前期市场调研，稳定生产，依托互联网拓宽销售渠道，让生产出来的农产品顺利变现，成为再生产的重要资金来源。

（3）妥善处理土地流转纠纷。

调研发现，在农村土地流转过程中，形成纠纷的原因多是对最初订立的流转合同的相关条款理解出现偏差、对土地流转的边界有争议、原先确定的补偿或赔偿迟迟不能给付落实等[①]。相关机构应根据不同的情况选择不同的方式妥善解决纠纷。目前，解决土地流转纠纷的方式非常丰富，主要有四大类：一是当事人协商解决，二是基层组织调节，三是仲裁机构仲裁，四是向法院提起诉讼。因此，需要根据纠纷的性质，妥善选择解决方式。同时也应加强土地流转的制度建设，促进农村集体土地规范流转，不断完善农业适度规模性经营相关制度。

---

① 马冬，杜辉. 土地流转全程中政府行为与角色的重塑与改进 [J]. 广东土地科学，2014，13（6）：16-20.

参考文献

BRAUW A D, HUANG J K, ROZELLE S, et al., 2002. The evolution of china's rural labor markets during the reforms [J]. Journal of comparative economics, 30 (2): 329-353.

YUJIRO H, 2007. An emerging agricultural problem in high-performing asian economies [M]. Policy Research Working Paper.

KUNG J K-S , 2002. Off-farm labor markets and the emergence of land rental markets in rural China [J]. Journal of Comparative Economics, 30 (2): 395-414.

GRANOVETTER M, 2017. Society and economy: framework and principles [M]. Massachusetts: Harvard University Press.

OCZKOWSKI E, KRIVOKAPIC -SKOKO B, PLUMMER K, 2013. The meaning, importance and practice of the cooperative principles: qualitative evidence from the australian cooperative sector [J]. Journal of co-operative organization and management (2): 54-63.

FENG S Y, 2006. Land rental market and off-farm employment: rural households in jiangxi province [D]. Netherlands: Wageningen University: 23-25.

FENG S, 2008. Land rental, off-farm employment and technical efficiency of farm households in jiangxi province, China [J]. NJAS - Wageningen Journal of Life Sciences, 55 (4): 363-378.

FENG S Y, HEERINK N, RUBEN R, et al., 2010. Land rental market, off-farm employment and agricultural production in Southeast China: A plot-level case study [J]. China economic review, 21 (4): 598-606.

SCHULTZT W T, 1984. An unpersuasive plea for centralised control of agricultural research: On a report of the Rockefeller Foundation [J]. Minerva, 21 (1): 141-143.

SCHULTZT W T, 1983. An unpersuasive plea for centralised control of agricultural research: on a report of the rockefeller foundation [J]. Minerva, 21 (1): 141-143.

阿布迪克然木, 石晓平, 饶芳萍, 等, 2020. "三权分置"视域下产权完整性与安全性对农地流转的影响: 基于农户产权认知视角 [J]. 资源科学, 42 (9): 1643-1656.

蔡立东, 姜楠, 2015. 承包权与经营权分置的法构造 [J]. 法学研究, 37 (3): 31-46.

中共中央国务院, (2015-01-01) [2021-12-20]. 中共中央国务院关于加大改革创新力度加快农业现代化建设的若干意见 [EB/OL]. https://mip. cnbanbao.cn/special/news/CnBanBao_32306.html.

中共中央办公厅, 国务院办公厅, (2014-11-20) [2021-12-20]. 中共中央办公厅、国务院办公厅印发关于引导农村土地经营权有序流转发展农业适度规模经营的意见. [EB/OL]. http://www.gov.cn/xinwen/2014-11/20/content_ 2781544.htm.

王立彬, (2013-12-29) [2021-12-20]. 国土资源部有关负责人谈土地承包经营权"再分离"[EB/OL]. http://news.xinhuanet.com/2013-12/29/c_ 118753978.htm.

曹俊杰, 2017. 我国几种工业反哺农业模式比较研究 [J]. 农村经济 (3): 6-12.

曹阳, 王春超, 李鲲鹏, 2011. 农户、地方政府和中央政府决策中的三重博弈: 以农村土地流转为例 [J]. 产经评论 (1): 80-88.

陈斌开, 马宁宁, 王丹利, 2020. 土地流转、农业生产率与农民收入 [J]. 世界经济, 43 (10): 97-120.

陈朝兵, 2016. 农村土地"三权分置": 功能作用、权能划分与制度构建 [J]. 中国人口·资源与环境, 26 (4): 135-141.

陈思, 叶剑平, 薛白, 等, 2020. 农地"三权分置"产权解构及政策优化建议 [J]. 中国土地科学, 34 (10): 42-48.

陈天宝, 2005. 中国农村集体产权制度创新研究 [D]. 北京: 中国农业大学.

陈小君, 2018. "三权分置"与中国农地法制变革 [J]. 甘肃政法学院学报 (1): 22-33.

陈小君, 2014. 我国农村土地法律制度变革的思路与框架: 十八届三中全会《决定》相关内容解读 [J]. 法学研究, 36 (4): 4-25.

陈晓华，(2016-03-04) [2021-12-20]. 农业部副部长在全国农村经营管理暨土地承包经营权确权工作会议上的讲话 [EB/OL]. http://www.gov.cn/xinwen/2016-03/04/content_5048948.htm.

陈晓华，2015. 正确认识和把握国家粮食安全新战略：在中国农业经济学会年会上的致辞 [J]. 农业经济问题，36 (1)：4-7.

陈秧分，刘彦随，王介勇，2010. 东部沿海地区农户非农就业对农地租赁行为的影响研究 [J]. 自然资源学报，25 (3)：368-375.

陈秧分，孙炜琳，薛桂霞，2015. 粮食适度经营规模的文献评述与理论思考 [J]. 中国土地科学，29：8-15.

程明华，徐汉明，贾泽露，2014. 基于农地流转与适度规模经营视角的食品安全问题探讨 [J]. 理论月刊 (7)：176-179.

崔建远，2011. 物权：规范与学说：以中国物权法的解释论为中心 (上册) [M]. 北京：清华大学出版社.

党国印，1998. 论农村集体产权 [J]. 中国农村观察 (4)：3-5.

党国英，2005. 当前中国农村土地制度改革的现状与问题 [J]. 华中师范大学学报 (人文社会科学版) (4)：8-18.

邓衡山，王文烂，2014. 合作社的本质规定与现实检视：中国到底有没有真正的农民合作社？[J]. 中国农村经济 (7)：15-26，38.

邓小平，1998. 邓小平文选：第二卷 [M]. 成都：四川民族出版社.

邓小平，1993. 邓小平文选：第三卷 [M]. 北京：人民出版社.

丁关良，陈琴，2004. 农村土地承包经营权流转方式研究 [J]. 中共长春市委党校学报 (6)：15-18.

丁关良，阮韦波，2009. 农村集体土地产权"三权分离"论驳析：以土地承包经营权流转中"保留（土地）承包权、转移土地经营权（土地使用权）"观点为例 [J]. 山东农业大学学报 (社会科学版)，11 (4)：1-8，121.

丁关良，周菊香，2000. 对完善农村集体土地所有权制度的法律思考 [J]. 中国农村经济 (11)：59-65.

丁关良，2003. 农村土地承包经营权流转的法律思考：以《农村土地承包法》为主要分析依据 [J]. 中国农村经济 (10)：17-23.

杜云晗，黄涛，2018. 农地经营权流转市场的治理：一个整体性的制度分析 [J]. 农村经济，(2)：34-38.

冯华，陈仁泽，2013-12-05. 农村土地制度改革，底线不能突破 [N]. 人民日报 (2).

冯玉华，张文方，1992. 论农村土地的 三权分离 [J]. 经济纵横（9）：5-9.

冯兆卿，2011. 我国农村土地流转中的政府职责分析 [D]. 济南：山东师范大学.

傅晨，刘梦琴，2007. 农地承包经营权流转不足的经济分析 [J]. 调研世界（1）：22-24，30.

傅晓，2008. 我国农村土地承包经营权流转的现状、难点和建议 [J]. 广东土地科学（1）：31-33.

袁威，2020. 工商资本参与下农民主体作用的困境与破解思路：基于 S 省 20 个乡镇 59 个村庄的调查 [J]. 行政管理改革（11）：78-85.

蒲实，袁威，2018. 政府信任对农地流转意愿影响及其机制研究：以乡村振兴为背景 [J]. 北京行政学院学报（4）：28-36.

盖庆恩，朱喜，史清华，2014. 劳动力转移对中国农业生产的影响 [J]. 经济学（季刊），13（3）：1147-1170.

高帆，2020. 中国城乡土地制度演变：内在机理与趋向研判 [J]. 社会科学战线（12）：56-66，281.

高帆，2018. 中国农地"三权分置"的形成逻辑与实施政策 [J]. 经济学家（4）：86-95.

高富平，2016. 农地"三权分置"改革的法理解析及制度意义 [J]. 社会科学辑刊（5）：73-78.

高圣平，2016. 承包土地的经营权抵押规则之构建：兼评重庆城乡统筹综合配套改革试点模式 [J]. 法商研究（1）：3-12.

郜亮亮，2018. 中国农地流转市场的现状及完善建议 [J]. 中州学刊（2）：46-52.

郜永昌，2013. 分离与重构：土地承包经营权流转新论 [J]. 经济视角（下）（5）：137-139.

耿志力，2010. 关于促进农村土地流转加快土地适度规模经营的建议 [J]. 农业经济（3）：17- 20.

公茂刚，时秋雅，2019. 农地产权制度变迁对农业投资的影响测度：基于我国 1952—2017 年省际面板数据的经验分析 [J]. 江汉论坛（10）：41-46.

公茂刚，王佳虹，2021. 农业补贴、"三权分置"与农户农业生产经营：基于 CHFS 数据的实证分析 [J]. 统计与信息论坛，36（1）：90-99.

苟兴朝，杨继瑞，2019. 禀赋效应、产权细分、分工深化与农业生产经营模式创新：兼论"农业共营制"的乡村振兴意义 [J]. 宁夏社会科学（2）：

84-92.

管洪彦,孔祥智,2018. 农地"三权分置"典型模式的改革启示与未来展望 [J]. 经济体制改革 (6): 63-69.

郭江平,2003. 扩大土地经营规模与提高农业效率并行不悖 [J]. 理论探索 (3): 11-12.

郭亮,2009. 农村土地纠纷的类型及原因 [J]. 重庆社会科学 (11): 27-30.

郭明瑞,2014. 土地承包经营权流转的根据、障碍与对策 [J]. 山东大学学报 (哲学社会科学版) (4): 1-9.

郭庆海,2014. 土地适度规模经营尺度:效率抑或收入 [J]. 农业经济问题, 35 (7): 4-10.

郭志京,2020. 民法典视野下土地经营权的形成机制与体系结构 [J]. 法学家 (6): 26-39, 191-192.

国家统计局,1984. 中国统计年鉴 (1983) [M]. 北京:中国统计出版社.

国务院发展研究中心农村经济研究部,2015. 集体所有制下的产权重构 [M]. 北京:中国发展出版社.

韩江河,2008. 关于农村土地流转的"成都模式"和"温州模式"比较与启示 [J]. 广西大学学报 (哲学社会科学版), 30 (6): 17-20.

韩俊,1999. 中国农村土地制度建设三题 [J]. 管理世界 (3): 184-195.

韩长赋,2019. 中国农村土地制度改革 [J]. 农业经济问题, (1): 4-16.

何鼎鼎,2018. 资本下乡,如何安农富农 [J]. 农村·农业·农民 (A版) (3): 6.

何莉,2016. 法院审理征地补偿款分配纠纷案件的司法困境及其解决研究 [D]. 兰州:兰州大学: 38-40.

贺东航,肖文,2010. 集体林权流转中的政府监管制度研究 [J]. 华中师范大学学报 (人文社会科学版), 49 (2): 18-22.

贺振华,2006. 农户兼业及其对农村土地流转的影响:一个分析框架 [J]. 上海财经大学学报 (2): 72-78.

洪银兴,王荣,2019. 农地"三权分置"背景下的土地流转研究 [J]. 管理世界, 35 (10): 113-119, 220.

侯江华,郝亚光,2015. 资本下乡:农民需求意愿的假设证伪与模型建构:基于全国 214 个村 3183 个农户的实证调查 [J]. 农村经济 (3): 64-68.

胡震,朱小庆吉,2017. 农地"三权分置"的研究综述 [J]. 中国农业大学学报 (社会科学版), 34 (1): 106-117.

黄河，李军波，2008. 试论农民集体土地所有权的本质、内容及其实现形式 [J]. 中国土地科学（5）：51-56.

黄娜，2015. 农地产权"三权分置"研究综述与展望 [J]. 农村经济与科技，26（8）：11-13.

黄少华，2011. 网络空间中的族群认同：一个分析架构 [J]. 淮阴师范学院学报（哲学社会科学版），33（2）：245-252，280.

黄涛，吴军，2019. 乡村治理的利益考察：理论溯源与路径选择 [J]. 马克思主义与现实（5）：184-191.

黄韬，王双喜，2013. 产权视角下乡村治理主体有效性的困境和出路 [J]. 马克思主义与现实（2）：173-179.

黄韬，2007. 和谐产权关系与农村集体产权制度分析 [J]. 经济社会体制比较（2）：82-87.

黄祖辉，傅夏仙，2001. 农地股份合作制：土地使用权流转中的制度创新 [J]. 浙江社会科学（5）：41-44.

黄祖辉，邵科，2009. 合作社的本质规定性及其漂移 [J]. 浙江大学学报（人文社会科学版），39（4）：11-16.

江淑斌，苏群，2012. 农村劳动力非农就业与土地流转：基于动力视角的研究 [J]. 经济经纬（2）：110-114.

姜楠，2019. 土地经营权的性质认定及其体系效应：以民法典编纂与《农村土地承包法》的修订为背景 [J]. 当代法学，33（6）：26-36.

姜平，2020. 土地改革背景下的城乡协同发展与土地三权分置 评《农村土地制度改革与基层治理》[J]. 农药，59（12）：943.

蒋永甫，杨祖德，韦凯芳，2012. 农地流转：近十年来的研究进展 [J]. 广西大学学报（哲学社会科学版），34（4）：81-87.

蒋永甫，应优优，2015. 外部资本的嵌入性发展：资本下乡的个案分析 [J]. 贵州社会科学（2）：143-149.

孔祥俊，1996. 民商法新问题与判解研究 [M]. 北京：人民法院出版社.

雷玉明，2006. 农村中介组织与农业产业化 [J]. 湖北经济学院学报（人文社会科学版）（8）：55-56.

冷波，2018. 村级民主制度创新的实践与机制 [J]. 华南农业大学学报（社会科学版），17（5）：42-48.

李宁，张然，仇童伟，等，2017. 农地产权变迁中的结构细分与"三权分置"改革 [J]. 经济学家（1）：62-69.

李博, 2020. 农民土地交易行为羊群效应分析 [J]. 工程数学学报, 37 (5): 565-582.

李琴, 李怡, 郝淑君, 2019. 农地适度规模经营的分类估计: 基于不同地形下不同地区的测算 [J]. 农林经济管理学报, 18 (1): 101-109.

李曙光, 2019. 农村土地两个三权分置的法律意义 [J]. 中国法律评论 (5): 46-54.

李云新, 吕明煜, 2019. 资本下乡中农户可持续生计模式构建 [J]. 华中农业大学学报 (社会科学版) (2): 63-70, 166.

李云新, 王晓璇, 2015. 资本下乡中利益冲突的类型及发生机理研究 [J]. 中州学刊 (10): 43-48.

李长健, 梁菊, 杨婵, 2009. 农村土地流转中农民利益保障机制研究 [J]. 贵州社会科学 (7): 38-42.

李长健, 罗洁, 2010. 农地流转中维护农民利益的第三方力量 [J]. 东南学术 (1): 22-27.

梁洪学, 魏震铭, 2009. 我国农村土地权利主体与保护 [J]. 经济学家 (11): 96-97.

林善浪, 王健, 张锋, 2010. 劳动力转移行为对土地流转意愿影响的实证研究 [J]. 中国土地科学, 24 (2): 19-23.

林绍珍, 2007. 改革开放以来农村劳动力非农就业的变迁及启示 [J]. 成都大学学报 (教育科学版) (1): 11-12, 21.

林毅夫, 2000. 再论制度、技术与中国农业发展 [M]. 北京: 北京大学出版社.

刘凤芹, 2006. 农业土地规模经营的条件与效果研究: 以东北农村为例 [J]. 管理世界 (9): 71-79, 171-172.

刘俊, 2019. "三权分置" 视角下农村股份合作社成员财产权完善的现实困境与法律进路 [J]. 学术论坛, 42 (5): 67-74.

刘俊, 2007. 土地承包经营权性质探讨 [J]. 现代法学 (2): 170-178.

刘守英, 2014. 农村集体所有制与三权分离改革 [J]. 中国乡村发现 (3): 8-14.

刘卫柏, 2010. 中国农村土地流转模式创新研究 [M]. 长沙: 湖南人民出版社.

刘艳, 2010. 农地使用权流转研究 [M]. 北京: 北京师范大学出版社.

刘颖, 唐麦, 2015. 中国农村土地产权 "三权分置" 法律问题研究 [J]. 世界农业（7）：172-176.

刘长全，2020. 以农地经营权配置与保护为重点的农地制度改革：法国经验与启示 [J]. 中国农村经济（11）：131-144.

刘征峰，2015. 农地"三权分置"改革的私法逻辑 [J]. 西北农林科技大学学报（社会科学版），15（5）：26-33.

刘志刚，郭仁德，2003. 农地产权制度改革的设想 [J]. 领导决策信息（5）：25.

楼建波，2016. 农户承包经营的农地流转的三权分置：一个功能主义的分析路径 [J]. 南开学报（哲学社会科学版）（4）：53-69.

陆文荣，卢汉龙，2013. 部门下乡、资本下乡与农户再合作：基于村社自主性的视角 [J]. 中国农村观察（2）：44-56，94-95.

陆一香，1987. 关于我国农业规模经济问题的探讨 [J]. 南京农业大学学报，（3）：120-126.

罗必良，胡新艳，2016. 农业经营方式转型：已有试验及努力方向 [J]. 农村经济（1）：3-13.

罗必良，2015. 农业共营制：新型农业经营体系的探索与启示 [J]. 社会科学家（5）：7-12.

罗芳，鲍宏礼，2010. 非农就业对农村土地流转市场影响的理论分析 [J]. 广东农业科学，37（7）：337-338，346.

吕晨光，杨继瑞，谢菁，2013. 农业适度规模经营研究：以山西省为例 [J]. 统计与决策，（20）：135-138.

马冬，杜辉，2014. 土地流转全程中政府行为与角色的重塑与改进 [J]. 广东土地科学，13（6）：16-20.

茆荣华，2010. 我国农村集体土地流转制度研究 [M]. 北京：北京大学出版社.

孟德拉斯，1991. 农民的终结 [M]. 李培林，译. 北京：中国社会科学出版社.

孟勤国，2006. 物权法如何保护集体财产 [J]. 法学（1）：72-77.

缪德刚，2019. 从单一产权到"三权分置"：新中国农村土地产权制度70年沿革 [J]. 西南民族大学学报（人文社科版），40（12）：103-112.

牛若峰，夏英，2000. 农业产业化经营的组织方式和运行机制 [M]. 北京：北京大学出版社.

潘俊，2015. 农村土地承包权和经营权分离的实现路径 [J]. 南京农业大学学报（社会科学版），15（4）：98-105，134-135.

潘俊，2015. 新型农地产权权能构造：基于农村土地所有权、承包权和经营权的权利体系 [J]. 求实（3）：88-96.

彭开丽，程贺，2020. 农户分化视角下农地"三权分置"政策响应度评价及障碍因子诊断：以湖北省东部8市为例 [J]. 中国农业资源与区划，41（8）：1-11.

皮婷婷，郑逸芳，许佳贤，2021. 国内农地制度研究的演进历程与趋势展望：基于1992—2019年CNKI核心期刊和CSSCI数据 [J]. 农业经济（1）：112-114.

蒲实，袁威，2017. 中国改革开放39年农业用地制度研究 [J]. 中国土地科学，31（7）：91-96.

齐城，2008. 农村劳动力转移与土地适度规模经营实证分析：以河南省信阳市为例 [J]. 农业经济问题（4）：38-41.

钱克明，彭廷军，2014. 我国农户粮食生产适度规模的经济学分析 [J]. 农业经济问题，35（3）：4-7，110.

钱良信，2002. 土地使用权流转的主要模式及需要注意的问题 [J]. 调研世界（10）：43-46.

钱忠好，2008. 非农就业是否必然导致农地流转：基于家庭内部分工的理论分析及其对中国农户兼业化的解释 [J]. 中国农村经济（10）：13-21.

瓦拉德兹，何莉，2004. 协商民主 [J]. 马克思主义与现实（3）：35-43.

渠涛，2004. 民法理论与制度比较研究 [M]. 北京：中国政法大学出版社.

邵爽，李琴，李大胜，2018. 资本下乡：进入模式选择及其影响因素 [J]. 华中农业大学学报（社会科学版）（5）：59-66，163.

申惠文，2015. 农地三权分离改革的法学反思与批判 [J]. 河北法学，33（4）：2-11.

申始占，2019. 公有制实现形式下农地权能分置理论的反思与重构 [J]. 农业经济问题（9）：19-30.

石传刚，2007. 中国农业产业化经营与家庭联产承包责任制 [J]. 中共贵州省委党校学报（2）：39-41.

四川省委改革办，（2019-08-07）[2021-10-20]. 四川农村土地流转率达39.5% [EB/OL]. https://www.sohu.com/a/331999998_100148222.

宋志红，2018. 三权分置下农地流转权利体系重构研究 [J]. 中国法学（4）：282-302.

孙宪忠, 2014. 中国物权法原论: 第三版 [M]. 北京: 法律出版社.

孙中华, 2015. 关于农村土地"三权分置"有关政策法律性问题的思考 [J]. 农业部管理干部学院学报 (1): 1-5.

谭丹, 黄贤金, 2007. 农村非农就业与农村土地流转的关系研究: 以江苏省宝应县农户调研为例 [C] // 中国土地学会. 2007 年中国土地学会年会论文集.

陶钟太朗, 杨环, 2017. 论"三权分置"的制度实现: 权属定位及路径依赖 [J]. 南京农业大学学报 (社会科学版) (3): 86-94.

陶自祥, 2019. "三权分置"与农村土地流转制度创新: 以 C 县"虚拟地块"制度创新为例 [J]. 思想战线, 45 (6): 129-135.

田则林, 余义之, 杨世友, 1990. 三权分离 农地代营: 完善土地承包制、促进土地流转的新途径 [J]. 中国农村经济 (2): 41-44.

涂圣伟, 2014. 工商资本下乡的适宜领域及其困境摆脱 [J]. 改革 (9): 73-82.

万广华, 程恩江, 1996. 规模经济、土地细碎化与我国的粮食生产 [J]. 中国农村观察 (3): 31-36, 64.

王成利, 徐光平, 2019. 农地产权"三权分置"制度的探索与实践 [J]. 山东社会科学 (10): 141-146.

王春光, 2018. 关于乡村振兴中农民主体性问题的思考 [J]. 社会发展研究, 5 (1): 31-40.

王贵宸, 1997. 关于土地适度规模经营的若干问题 [J]. 农村合作经济经营管理 (10): 16-18.

王海娟, 胡守庚, 2019. 农村土地"三权分置"改革的两难困境与出路 [J]. 武汉大学学报 (哲学版) (5): 184-192.

王利明, 2013. 物权法研究: 第三版 [M]. 北京: 中国人民大学出版社.

王铁雄, 2020. 农村承包地三权分置制度入典研究 [J]. 河北法学, 38 (1): 20-42.

王新国, 陈晓峰, 1990. 从顺城村的实践看"三权分离" [J]. 湖北社会科学 (10): 51-52.

王兴国, 等, 2018. 惠农富农强农之策: 改革开放以来涉农中央一号文件政策梳理与理论分析 [M]. 北京: 人民出版社.

王亚新, 2015. "四化同步"下的农村土地经营模式探索: 基于广东湛江的实践 [J]. 经济地理, 35 (8): 157-164.

卫新, 毛小报, 王美清, 2003. 浙江省农户土地规模经营实证分析 [J]. 中国农村经济（10）：31-36.

文雄，2011. 农地流转促进农业适度规模经营问题研究 ［D］. 长沙：湖南农业大学.

吴萍，2020. 农用地"三权分置"的生态风险与刑法应对 ［J］. 江西社会科学，40（12）：181-189.

向超，张新民，2019. "三权分置"下农地流转权利体系化实现：以"内在体系调适"与"外在体系重构"为进路 ［J］. 农业经济问题（9）：8-19.

谢治菊，2012. 村民政治参与及其对基层政治信任的影响分析 ［J］. 广东行政学院学报，24（6）：43-49.

中共中央办公厅，国务院办公厅，（2016-10-30）［2021-10-20］. 中共中央办公厅国务院办公厅印发《关于完善农村土地所有权承包权经营权分置办法的意见》［EB/OL］. http：// news. xinhuanet. corn/fortune/2016—10/30/c_l119815168.htm.

徐勇，赵永茂，2010. 土地流转与乡村治理：两岸的研究 ［M］. 北京：社会科学文献出版社.

徐宗阳，2016. 资本下乡的社会基础：基于华北地区一个公司型农场的经验研究 ［J］. 社会学研究，31（5）：63-87，243.

许恒周，曲福田，2007. 农村土地流转与农民权益保障 ［J］. 农村经济（4）：29-31.

许庆，尹荣梁，章辉，2011. 规模经济、规模报酬与农业适度规模经营：基于我国粮食生产的实证研究 ［J］. 经济研究（3）：59-72.

杨国玉，靳国峰，2003. 对农村土地使用权流转理论与实践的思考 ［J］. 经济问题（11）：44-47.

杨仕兵，2016. 论消费公益诉讼的界定及其可诉范围 ［J］. 齐鲁学刊（1）：109-114.

姚洋，2000. 中国农地制度：一个分析框架 ［J］. 中国社会科学（2）：54-65，206.

叶华，1998. 三权分离的改革思路与农地微观制度安排 ［J］. 社会科学家（S2）：3-5.

叶兴庆，2015. 集体所有制下农用地的产权重构 ［J］. 毛泽东邓小平理论研究（2）：1-8，91.

袁威，2020. 工商资本参与下农民主体作用的困境与破解思路：基于S省20个乡镇59个村庄的调查 ［J］. 行政管理改革（11）：78-85.

苑鹏, 2013. "公司+合作社+农户" 下的四种农业产业化经营模式探析: 从农户福利改善的视角 [J]. 中国农村经济 (4): 71-78.

苑鹏, 2009. 部分西方发达国家政府与合作社关系的历史演变及其对中国的启示 [J]. 中国农村经济 (8): 89-96.

张光辉, 1996. 农业规模经营与提高单产并行不悖: 与任治君同志商榷 [J]. 经济研究 (1): 55-58.

张红宇, (2016-07-13) [2021-10-20]. 解读: 农村土地经营权流转 [EB/OL]. http://country.cnr.cn/gundong/20160713/t20160713_522670266.shtml.

张红宇, 2014-01-14. 我国农业生产关系变化的新趋势 [N]. 人民日报 (7).

张红宇, 2002. 中国农村的土地制度变迁 [M]. 北京: 中国农业出版社.

张力, 郑志峰, 2015. 推进农村土地承包权与经营权再分离的法制构造研究 [J]. 农业经济问题, 36 (1): 79-92, 111-112.

张良, 2016. "资本下乡" 背景下的乡村治理公共性建构 [J]. 中国农村观察 (3): 16-26, 94.

张曙光, 2007. 城市化背景下土地产权的实施和保护 [J]. 管理世界 (12): 31-47.

张燕纯, 韩书成, 李丹, 2018. 农村土地 "三权分置" 的新制度经济学分析 [J]. 中国农业资源与区划 (1): 17-22.

张应良, 2017. "三权分置" 与 "长久不变" 的政策协同困境与破解 [J]. 改革 (10): 127-131.

张元红, 李静, 张军, 等, 2012. 农户民间借贷的利率及其影响因素分析 [J]. 农村经济 (9): 8-12.

张云华, 等, 2012. 中国农地流转问题研究 [M]. 上海: 上海远东出版社.

章猛进, 顾益康, 黄祖辉, 2008. 30 年农村改革回顾与改革的深化: 基于浙江省的分析 [J]. 浙江社会科学 (8): 9-14, 125.

赵祥云, 赵晓峰, 2016. 资本下乡真的能促进 "三农" 发展吗? [J]. 西北农林科技大学学报 (社会科学版), 16 (4): 17-22.

赵紫玉, 徐梦洁, 於海美, 2006. 构建我国农地产权 "三权分离" 模式: 现行农地产权制度改革的设想 [J]. 国土资源科技管理 (6): 24-28.

郑建艇, 2008. 提升乡镇政府公信力研究 [J]. 中共福建省委党校学报 (12): 58-63.

郑万军, 2014. 城镇化背景下农民土地权益保障: 制度困境与机制创新 [J]. 农村经济 (11): 22-25.

郑志峰, 2014. 当前我国农村土地承包权与经营权再分离的法制框架创新研究: 以 2014 年中央一号文件为指导 [J]. 法学 (10): 82-91.

中共中央, 国务院, (2016-01-27) [2021-10-20]. 中共中央、国务院关于落实发展新理念加快农业现代化实现全面小康目标的若干意见 [EB/OL]. http://www.gov.cn/zhengce/2016-01/27/content_5036698.htm.

中共中央办公厅, 国务院办公厅, (2016-10-30) [2021-10-20]. 中共中央办公厅、国务院办公厅印发《关于完善农村土地所有权承包权经营权分置办法的意见》 [EB/OL]. http://politics.people.com.cn/n1/2016/1031/c1001-28819523.html.

中共中央办公厅, 国务院办公厅, (2014-11-20) [2021-10-20]. 中共中央办公厅、国务院办公厅印发《关于引导农村土地经营权有序流转发展农业适度规模经营的意见》 [EB/OL]. http://www.gov.cn/xinwen/2014-11/20/content_2781544.htm.

中共中央, 国务院, (2014-01-19) [2021-10-20]. 中共中央国务院印发《关于全面深化农村改革加快推进农业现代化的若干意见》 [EB/OL]. http://www.gov.cn/jrzg/2014-01/19/content_2570454.htm.

中国社会科学院金融研究所, 特华博士后科研工作站, 2016. 中国农村土地市场发展报告 (2015—2016) [M]. 北京: 社会科学文献出版社.

周敏, 胡碧霞, 张阳, 2019. 三权分置、农业补贴争夺与农业经营激励: 吉林省 J 村玉米生产者补贴分配博弈 [J]. 华中科技大学学报 (社会科学版), 33 (6): 61-68.

周小全, 白江涛, 2020. 农地金融化风险防范 [J]. 中国金融 (22): 49-51.

周振, 涂圣伟, 张义博, 2019. 工商资本参与乡村振兴的趋势、障碍与对策: 基于 8 省 14 县的调研 [J]. 宏观经济管理 (3): 58-65.

朱继胜, 2016. 论 "三权分置" 下的土地承包权 [J]. 河北法学, 34 (3): 37-47.

朱俊峰, 苗海民, 2017. 新常态下的工商资本下乡 [J]. 中国发展观察 (15): 33-35.

朱玉龙, 2017. 中国农村土地流转问题研究 [D]. 北京: 中国社会科学院研究生院.